日本人なら知っておきたい

やりなおし!
地理の教科書

初日の出が一番先に
見られるのはどこだ!

浅井建爾
Kenji Asai

ビジネス社

はじめに

日本を訪れる外国人旅行者数が、2013年にはじめて1000万人を突破した。ここ10年間で2倍に増加している。観光立国を目指している日本は、あの手この手で、さらなる外国人観光客の誘致を目指している。

ここで注目したいのは、日本を訪れる外国人は日本のことを非常によく知っているということだ。外国の人たちは、日本の有名な観光地を旅行するだけではなく、日本の文化にも興味を持っている。下手をすれば、日本人より詳しいのではないかとさえ思える人が大勢いる。日本がいかに魅力的な国であるかということを、日本人自身が気づいていないというのも情けない気がするが、外国の人に教えられて、はじめて日本のよさに気づいたという人もいる。

つい最近、手漉《す》き和紙の技術が、ユネスコの無形文化遺産に登録された。外国ではすでに和紙の品質の高さが認められており、絵画や文書、版画などの文化財の修復に和紙が使われているという。それをニュースではじめて知り、「和紙ってそんなにすごいものだったのか」と驚いた日本人が少なくなかった。

はじめに

ここ何年か前から、日本は大変な海外旅行ブームである。外国へ旅行して未知の世界を見聞することは大いに結構だが、その前に自国のことをもっと知るべきではないかと思う。日本人が自国のことをよく知らないというのは、決して褒められたことではないだろう。

社会情勢を知る上でも、日常生活においても、その基礎になっているのが「地理」である。いざ社会に出てみると、いかに地理の知識が必要であるかを思い知らされるはずである。地理の知識は旅行のプランニングなどに役立つばかりではなく、テレビのニュースや旅番組なども、より興味深く見ることができるようになる。

営業などでいろいろな人と話をする機会の多い人は、地理の雑学的な知識は思いのほか役に立つはずだ。会話が行き詰ったときなどは、地理の雑学が潤滑油となってその場を和ませてくれることもあるだろう。

そういうこともあって、大人になった今、もう一度学校で学んだ日本の地理を、勉強し直してみたいと思っている人が増えているという。本書がそういう人たちの手助けになれば、著者としてこれ以上の喜びはない。

なお、この本を刊行するにあたって編集者の柴田恵理さん、ならびにビジネス社の唐津隆社長にご協力いただいた。厚くお礼申し上げます。

浅井建爾

第二章 意外と知られていない 複雑な日本の地形

第三章 つい誰かに話したくなる 日本の自然と気候

第四章 知れば知るほど面白い 日本の都市と地名

第五章 これからどうなる? 日本の観光と文化

※統計資料により、面積や順位などは異なることがあります

第一章

いまさら聞けない
日本の国土と行政区分

❶小さいようで大きい日本——じつは世界第6位の広さ

わが国はユーラシア大陸の東縁の海上に浮かぶ弧状列島で、北海道、本州、四国、九州の四大島と多くの属島からなっている。世界地図を広げて見ればわかるように、日本はロシアや中国など世界の大国と比べると比較にならないほど小さな国で、国土面積はロシアの2・2%、カナダの3・8%、中国およびアメリカの3・9%にすぎない。

しかし、世界全体から見れば決して小さな国でもないのである。なぜなら、**地球上にある195の独立国のうち、およそ70%の国々が日本より小さな国**だからだ。しかも日本の領域は、北緯20度～45度、東経123～154度と広範囲におよんでいる。日本の最北端から最南端までの距離は、あの広大なアメリカを横断するほどの長さがあるし、ヨーロッパへ目を移せば、北欧のノルウェーからアフリカの北部にまで達するのである。

経済水域の面積は中国の約5倍ある

沿岸から200海里（約370km）までが、日本の主権がおよぶ領海、排他的経済水域（漁業を行ったり、石油などの天然資源を掘ったり、科学的調査を行ったりするなどを自由にできる水域）として認められている。周囲を海に囲まれているわが国は、その海域がとてつもなく広いのである。日本の領海および排他的経済水域は、アメリカ、フランス、オーストラリア、ロシア、カナダに次いで第6位の広さを持ち、面積は447万㎢と、日本の国土面積の約12倍もある。

しかも、日本の排他的経済水域には、日本海溝や南西諸島海溝など深海が多いので、海水の体積は世界第4位といわれている。**その広さは、中国（87・7万㎢）の約5倍**である。排他的経済水域が隣国と重なりあう海域がある場合は、両国で話し合いをして決めることになるが、しばしば両国の主張がかみ合わずに対立し、紛争に発展するケースもある。

日本の排他的経済水域は世界第6位だが、国土を加えた面積となると、ブラジル、中国、インドの3国に抜かれて、世界第9位になる。それでも、世界には195の独立国があることを考えれば、やっぱり日本は大きい国なのだ。

領海と接続水域はどっちが広いか

ところで、領海および排他的経済水域を決めるにあたって、わが国は国連海洋法条約の「領海および接続水域に関する法律」に基づいて直線基線を採用している（**図1**）。

直線基線とは、岬の先端や湾口、あるいはその海岸線上の至近距離に浮かんでいる島を

■図1　日本の直線基線

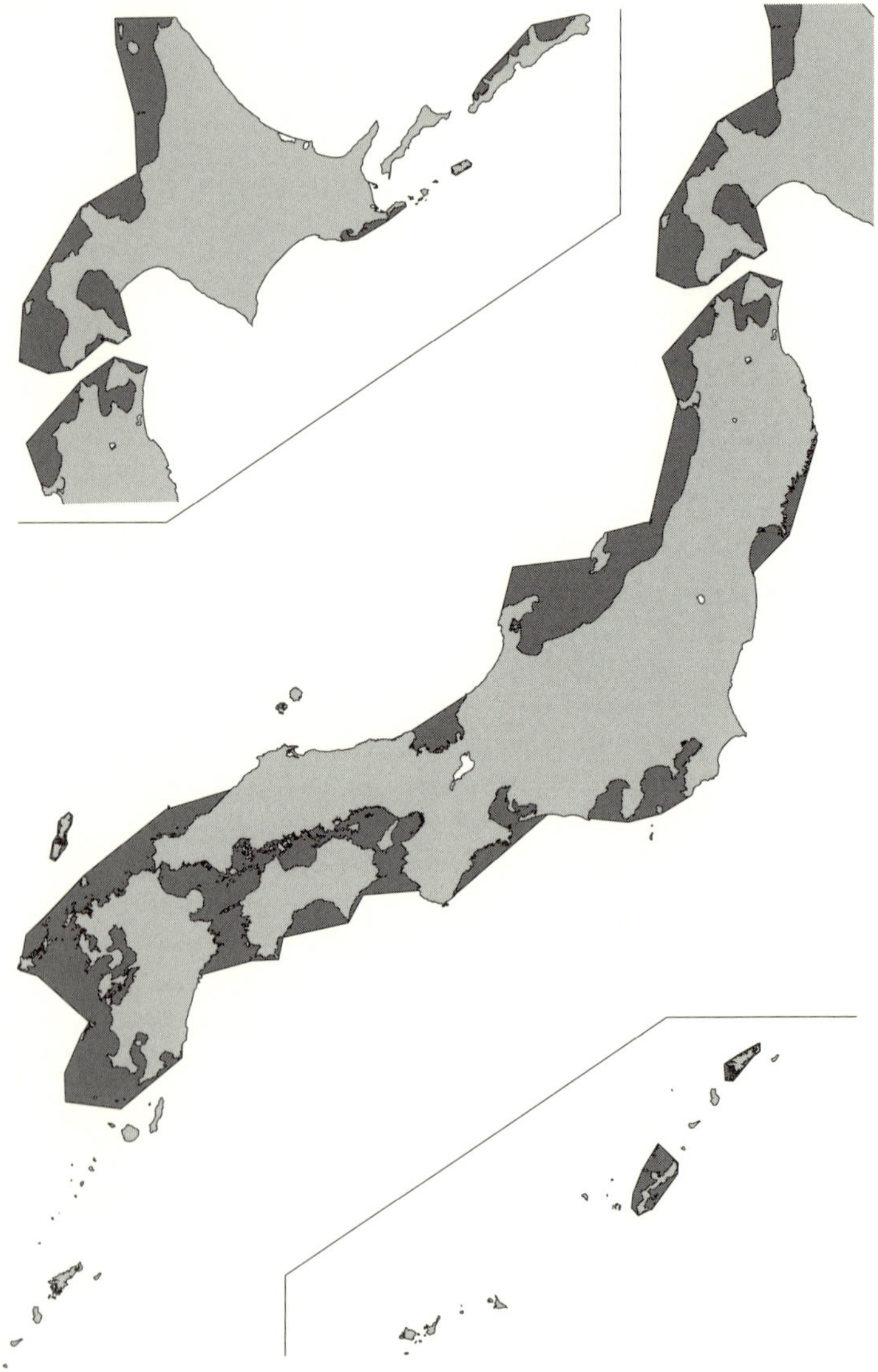

直線で結んだ線をいい、領海や排他的経済水域などを決める基準線となっている。わが国のように、海岸線が複雑に屈曲している海域では、直線基線を採用することが認められている。**日本には15の海域で162本の直線基線が設定されている。**基線の内側にある海域を「内水」と呼ぶが、東京湾も伊勢湾も大阪湾も内水である。日本は内水の面積が広いのである。

基線から外側に向かって12海里（約22km）までの海域が「領海」で、その国の主権がおよぶ海域である。隣国との間で「領海侵犯」が発生し、しばしば問題になったりしている。領海からさらに外側12海里までの海域を「接続水域」といい、他国が犯した国内法の違反を取り締まることができる。領海と接続水域は同じ幅の海域だが、領海には内水も含まれるので、面積は領海のほうが広い。領海の面積は約43万km²（内水を含む）と日本の国土面積を上回る広さがあり、接続水域も約32万km²ある。つまり、10万km²以上の内水があることになる。基線から200海里（約370km）までの、領海と接続水域を除いた海域が排他的経済水域である（**図2**）。

東京からもっとも遠い地点はどこか

日本は地図を見ると、太平洋上に点在する離島が、いかに排他的経済水域の面積を広く

■図2　日本の領海等および排他的経済水域

国土面積	約38万㎢
領海（含：内水）	約43万㎢
接続水域	約32万㎢
領海（含：内水）＋接続水域	約74万㎢
排他的経済水域	約405万㎢
領海（含：内水）＋排他的経済水域	約447万㎢

するために貢献しているかがわかる。日本最南端の沖ノ鳥島や日本最東端の南鳥島は、島自体には特に利用価値があるわけではないが、この島があることで海洋資源を有効に活用する上でかなり大きな役割を果たしている。

では、日本の首都東京からもっとも遠い地点はどこか。

日本最北端の地はロシアに占領されている択捉島《えとろふ》のカモイワッカ岬（北緯45度33分・東経148度45分）、最南端は沖ノ鳥島（北緯20度25分・東経136度4分）、日本最東端は南鳥島（北緯24度17分・東経153度59分）、最西端は沖縄与那国島の西崎《いりざき》（北緯24度27分・東経122度56分）である。

東京からいちばん遠い地点は与那国島の西崎で、約2000㎞離れている。もっとも近いのはカモイワッカ岬で、約1300㎞の距離である。

❷排他的経済水域より広い大陸棚

陸地や島の周辺には水深の浅い海域が広がっている。普通は水深が200m前後までの緩《ゆる》い勾配の海域を「大陸棚」と呼んでおり、そこから急な斜面（大陸斜面）となって深海へと続いている。大陸棚は陸地が海側へ続く延長だと考えられており、昔は海岸平野だったところが海に沈んで海底になったとみられている。遠くの沖まで遠浅の海岸もあれば、陸地からいきなり深海へと続いている海域もある。大陸棚は地球上の海洋面積の10％程度を占める。水深が浅いと太陽光線が射し込む量も多くなるので、プランクトンなどが繁殖しやすく栄養が豊富な海域になる。そのため大陸棚は好漁場が多い。好漁場だといわれる海域のほとんどが大陸棚である。

地形的大陸棚と法的大陸棚

何百キロも先まで大陸棚の続く海域があるかと思えば、駿河湾のように海岸線からわずか２㎞ほど行ったところで、水深が５００ｍを超える海域もある。本来の大陸棚の定義からすれば、駿河湾の大部分が大陸棚ではないことになる（地形的大陸棚）。

ところが、国連海洋法会議における「大陸棚に関する条約」が大陸棚の概念を根本的に変えた。１９５８（昭和33）年の国連海洋法会議では、「水深２００ｍまでの海域、または天然資源の開発が可能な水深まで」が大陸棚と定義され、その沿岸国は海底の天然資源の探査、開発について主権的な権利を有することになった。しかし、各国の技術の進歩は目覚ましく、「開発が可能な水深まで」という規定だけでは、大陸棚がどこまでも拡大していく恐れがある。それを明確にする必要性から、１９８２（昭和57）年の国連海洋法会議で採択された海洋法条約で、**「領海の基線から200海里までの海底および海底下を大陸棚とする」**と定義された（法的大陸棚）。つまり、排他的経済水域がそっくり大陸棚として認められるようになったのである。

さらに、海底の地形や地質などが一定の要件を満たしていれば、領海の基線から最大350海里（648km）の線、あるいは2500mの等深線から100海里までの線、そのいずれか遠いほうまで大陸棚を拡大できるようになった。大陸棚の外側の海がいわゆる公海で、どの国の主権もおよばない、世界各国が自由に使用できる海である（**図3**）。

■図3　それぞれの水域

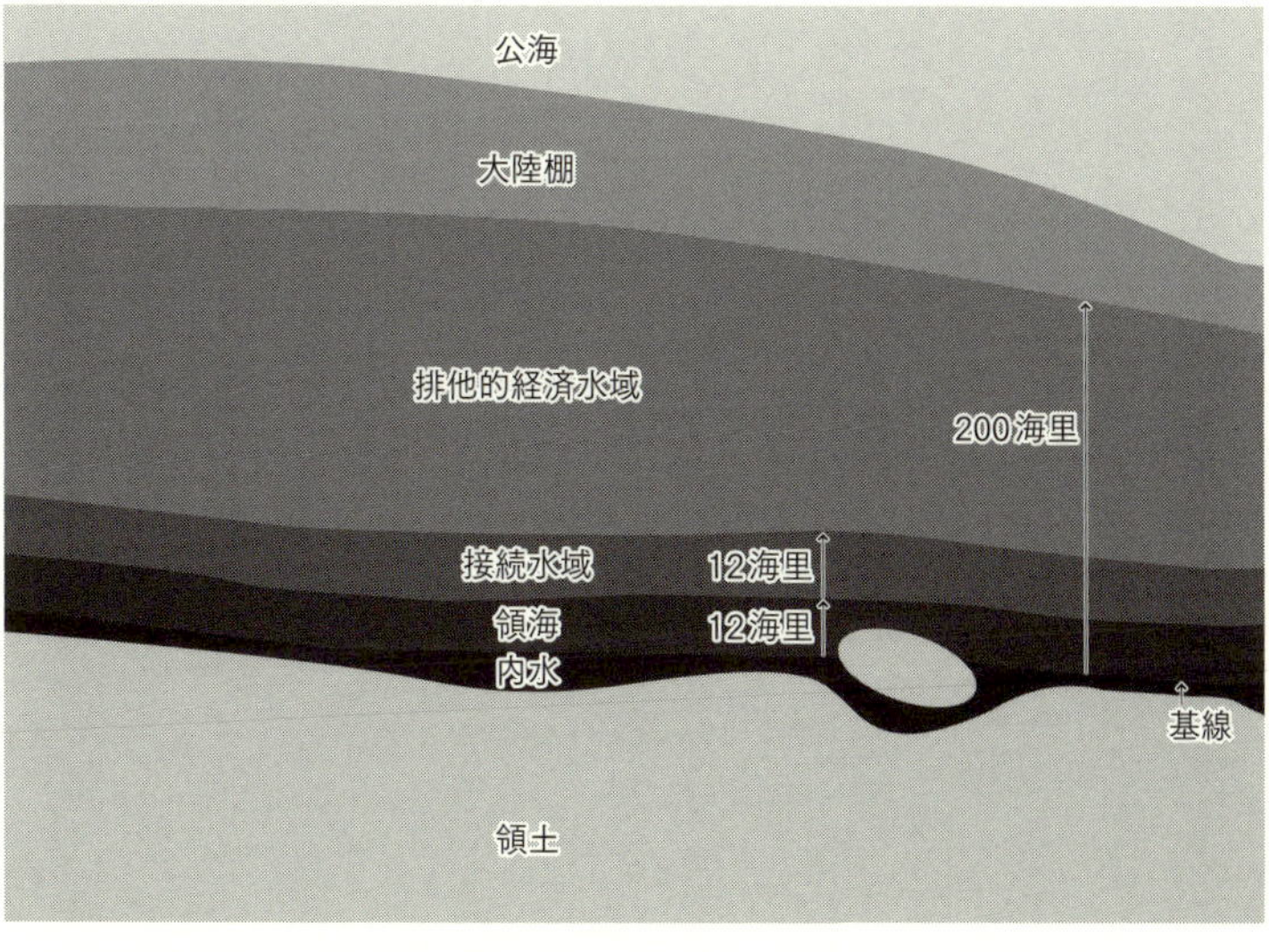

大陸棚は海底資源の宝庫だ

大陸棚は水産資源に恵まれているばかりではなく、石油や天然ガスなどの海底資源の宝庫でもある。そのため領海をめぐる争いが絶えない。

近年になって、尖閣諸島周辺の大陸棚に、石油などの豊富な海底資源が埋蔵されていることがわかったため、昔からわが国の領土であるにもかかわらず、中国が領有権を主張するようになった。台湾までもが便乗して領有権を主張しており、特に日本と中国との間では国際紛争にまで発展している。

日本と韓国との間で、領有権をめぐる争いがくすぶり続けている竹島問題でも、一発触発になりかねない緊迫した事態が続いている。各国が海の境界で躍起になっているのは、大陸棚にいかに豊富な海底資源が眠っているか、その埋蔵量が計り知れなく大きいからである。大陸棚には天然資源の開発にかかわる主権的な権利、および人工島その他の設備や構築物の設置などの管轄権が認められている。最近では、「メタンハイドレート」という海底資源が注目されている。

③50年間で埼玉県1つ分広くなった日本の国土

日本の面積は、これまで年々広くなってきた。1960（昭和35）年の国勢調査による日本の総面積は37万4598㎢だったが、現在は37万7962㎢（2013年10月時点）。**50年あまりで3364㎢、埼玉県に匹敵する面積が広くなったことになる。**地震によって土地が隆起したわけではなく、沿岸部の埋立てによるものである。

日本では古くから土地の造成が行われてきた。江戸時代にも東京湾の日比谷入り江など、大規模な埋立てが行われている。だが、本格的に土地の造成が行われるようになったのは、高度成長期の昭和40年代になってからのことである。

日本の沿岸部では盛んに土地が造成され、各地に広大な埋立地が出現した。特に大都市圏における沿岸部の埋立ては凄まじかった。東京湾、大阪湾、伊勢湾など、大都市圏の湾岸に発達している臨海工業地帯は、ほとんどが埋立地である。

東京の台場や神戸のポートアイランドなど海上都市や、関西国際空港や中部国際空港のような海上空港も、すべて埋立地である。千葉県や愛知県のように、埋立てによって100㎢以上も面積が広くなった県もある。

埋立てなくても面積が広くなった2つの県

都道府県の面積は、沿岸部の埋立てによって広くなってきた。ところが、青森県と秋田県は特に大規模な埋立てが行われたわけでもないのに、ずいぶん面積が広くなっている。どういうわけなのだろう？　原因は東北屈指の景勝地として有名な十和田湖にあった。

十和田湖は青森県と秋田県にまたがっているが、**2008（平成20）年まで、十和田湖に県境は引かれていなかった。**県境未定地だったのである。そのため、十和田湖の面積（約61㎢）が、青森、秋田両県のどちらの面積にも加えられていなかった。したがって、日本の総面積より、47都道府県のそれぞれの面積を合計したほうが61㎢少なかったのである。

地方交付税は人口などとともに、面積に応じても交付される仕組みになっている。そのため、これまで十和田湖の面積の交付金約6700万円を、青森と秋田の両県はもらい損ねていたわけである。しかし、どの自治体も財政は厳しい。そこで青森、秋田の両県は協議に協議を重ね、137年ぶりに県境を確定させた。

これによって、十和田湖の面積が青森6、秋田4の割合で配分されることになり、**青森県の面積は一気に36・6㎢、秋田県は24・4㎢広くなった**のである。

香川県が大阪府より面積が狭くなった原因とは

面積が広くなった県がある一方で、狭くなった県もある。常識的に考えて、県の面積が狭くなるということは考えにくい。ところが、香川県の面積が突然狭くなった。それも1ヘクタールや2ヘクタールのレベルの話ではなく、14・2㎢分である。東京の目黒区とほぼ同じ広さだ。それだけの面積が突如として失われ、これまで47都道府県でいちばん面積が狭かった大阪府をしのいで、香川県が全国一面積の狭い県になったのである。

都道府県や市町村の面積は国土地理院の地形図によって測定される。1988（昭和63）年までは5万分の1の地形図を測定基準にしていたが、精度を高めるため同年10月1日より、2万5千分の1の地形図が採用されることになった。それによって、瀬戸内海に浮かぶ井島に、岡山県と香川県の県境未定地のあることが判明した。

井島は面積2・7㎢という小さな島だが、島内に岡山と香川の県境が走っている。だが、その一部の県境に未定地があったため、井島を含めた直島町が香川県から削られることになった。そのため、香川県の面積は、一気に14・2㎢も少なくなってしまったのである。

香川県の面積が最下位になったことを知っている人は比較的多いが、ほとんどの人は大阪湾岸の埋立てによって大阪府の面積が広くなり、逆転されたと思っているのではないだろうか。しかし、香川県の面積が大阪府に抜かれた直接の原因は、埋立地ではなく、国土地理院による国土面積の見直しが行われたためだったのだ。

もっとも、県の面積が逆転された以降も、大阪府では関西国際空港の人工島など、沿岸部の埋立てが盛んに行われたため、現在は香川県の1862㎢に対し大阪府は1901㎢と、直島町の面積に関係なく、大阪府のほうが39㎢広くなっている。

❹山国の日本、可住地は日本の総面積の何%か

わが国は、国土のおよそ70%が山地という世界でも有数の山国である。では、日本の可住地面積はどれだけの広さがあるのだろうか。国土面積から山地を除いた部分が可住地の面積なのかというと、そうではない。

可住地を直訳すれば、「居住が可能な土地」ということになるが、可住地面積は平野や盆地などの平地だけとは限らない。基本的には「総面積から林野面積および湖沼と河川の面積を差し引いた面積」、すなわち居住地に転用することが可能な、開発されている土地が可住地面積である。農地や道路も可住地面積に含まれる。山林が開発されて、宅地や道路が建設されると可住地面積は広くなる。大都市圏では可住地面積が広くなっていく傾向にある。

可住地は地域によって異なり、平地の多い地域が必ずしも可住地面積が広いとはいえない。たとえ平地が広がっていても、そこが湿原や牧草地では可住地とはいえないからである。

一方、山地や丘陵地でも可住地になっている場合もある。また、林野面積は森林面積と同義ではない。森林面積に、湿原など野草地の面積を加えたものが林野面積である。

可住地面積の比率が日本一高いのは大阪府、低いのは高知県

日本の可住地面積は12万2346㎢で、国土面積の約32・8%にあたる。これは世界の国々に比べるとかなり低い。

たとえば、アメリカは国土の約75%、フランスは国土の70%以上、イギリスは国土の90%近くが可住地である。日本がいかに可住地に恵まれていないか、いかに山地が多いかがわかるだろう。狭い可住地に1億2千万人以上の人が住んでいるのだから、日本は世界でも有数の人口過密地である。

当然のことだが、人口密度の高い地域ほど可住地面積の比率も高い。しかし、必ずしも可住地面積の比率と人口密度は比例していない。全国一可住地面積の比率が高いのは大阪府で、約70%が可住地である。生駒山地や和泉山脈が県境に横たわっているとはいえ、山

地が占める比率は低く、人口密度でも全国で2番目に高い。

人口および人口密度が日本一高い東京都は、可住地面積比率では全国で第5位である。伊豆諸島や小笠原諸島の島しょ群と、山岳地帯の奥多摩を有していることが順位を下げる要因になっている。神奈川、愛知、福岡の3県は、可住地面積の比率、人口密度とも上位にランクされていて、バランスがとれている。

京都府は可住地面積の比率が37位とかなり低いにもかかわらず、人口密度は第10位、兵庫県は可住地面積の比率は24位だが、人口密度は8位にランクされている。奈良県も可住地面積の比率は43位だが、人口密度は14位。京都や兵庫など近畿地方の府県は、少ない平地に人口が密集していることを物語っている。可住地面積の比率が全国でいちばん低いのは高知県で、県の面積のわずか16・3％しかない。

茨城県の可住地面積比率は4位だが、可住地の人口密度は29位

一方、茨城県は可住地面積の比率は65・3％で全国4位にランクされているが、可住地の人口密度は29位と平均以下の水準である。これが何を意味しているのかといえば、**茨城県は耕作地の面積が広い**のである。広大な関東平野の一角を占めている茨城県は、県北部にわずかな山地と、県南部の霞ケ浦などの水郷地帯を除けばほとんどが平野である。県の

南部は東京近郊のベッドタウンとして人口の増加が著しく、県の中北部にはのどかな田園地帯が広がっている。

ちなみに、茨城県の耕地率は全国一高く、農業産出額も広大な面積を有する北海道を除けば全国一である。佐賀県も同様で、可住地面積の比率は9位だが、可住地面積の人口密度は全国で36位とかなり低い。佐賀県は農業が盛んで、耕地率は茨城、千葉に次いで全国で第3位にランクされている。

■表1　可住地面積の比率

順位	都道府県	可住地面積の比率（%）	人口密度順位	可住地人口密度順位
1	大阪	69.4	2	2
2	千葉	68.5	6	9
3	埼玉	67.8	4	4
4	茨城	65.3	12	29
5	東京	63.6	1	1
6	神奈川	60.7	3	3
7	愛知	57.6	5	5
8	福岡	55.7	7	8
9	佐賀	54.6	16	36
10	香川	53.4	11	15
11	沖縄	51.3	9	13
12	栃木	46.5	22	31
13	富山	43.6	25	38
14	宮城	43.2	19	28
15	長崎	39.8	17	21
16	熊本	36.9	27	32
17	群馬	36.2	21	22
18	新潟	35.8	35	40
19	鹿児島	35.6	36	41
20	静岡	35.4	13	11
21	三重	35.4	20	18
22	青森	33.5	41	43
23	石川	33.2	23	25
24	兵庫	33.1	8	7
25	滋賀	32.3	15	14
26	岡山	31.3	24	20
27	福島	30.7	40	42
28	山形	30.6	42	44
29	愛媛	29.4	26	23
30	北海道	28.3	47	47
31	山口	28.1	28	24
32	大分	27.5	33	30
33	秋田	27.4	45	46
34	広島	27.0	18	12
35	鳥取	26.0	37	35
36	福井	25.6	31	27
37	京都	25.5	10	6
38	徳島	24.7	34	26
39	長野	24.4	38	34
40	岩手	24.2	46	45
41	宮崎	23.9	39	37
42	和歌山	23.2	29	17
43	奈良	23.1	14	10
44	山梨	21.3	32	19
45	岐阜	20.7	30	16
46	島根	19.2	44	35
47	高知	16.3	43	33
	全国	32.8		

（総務省統計局 社会生活統計指標2012年）

北海道は広大なだけに、可住地面積は2万2207㎢で全国一の広さを誇っている。だが、可住地面積の比率は28・3％と全国で30位に過ぎない。北海道はなだらかな地形で平地も多い。それなのに可住地面積の比率が低いのは、湿原や牧草地などの面積が広大だからである。北海道の人口密度は全国でもっとも低く、可住地の人口密度も最下位である。

❺森林資源が豊かな日本、だが森林利用率は低い

わが国は多雨地帯のため樹木がよく育ち、世界でも有数の森林資源が豊富な国である。森林面積の比率、すなわち日本の森林率は先進国ではフィンランド、スウェーデンに次いで世界第3位と高く、国土面積の65・6％が森林におおわれている。アメリカ、カナダ、イタリアの森林率は30％前後しかないし、中国やフランスは30％程度、イギリスは10％ほどである。アマゾンの熱帯雨林を有するブラジルでも、森林率は日本より低いのである。

森林率は大阪府が日本一低く、日本一高いのは高知県

いうまでもないが、森林率は可住地面積の比率にほぼ反比例している。日本で可住地面積の比率がいちばん高い大阪府が森林率はもっとも低く、可住地面積の比率がいちばん低

い高知県は森林率が日本一高い。とはいっても**大阪府の30・5%は森林地帯**である。**高知県の森林率は、じつに83・3%に達する。**

関東地方は7都県のうち5都県の森林率が40%未満であるのに対し、近畿地方は7府県のうち5府県の森林率が60%以上である。日本一大きな平野が広がる関東地方と、平野が少ない近畿地方の地形がそのまま森林率に表われている。

わが国は森林資源が非常に豊かであるにもかかわらず、それらが充分に生かされていないという悲しい現実がある。日本の森林の約40%が人工林だといわれている。戦後の復興期、木材の需要が急増したため、盛んに植林あるいは拡大造林が行われたからである。拡大造林とは経済性の低い広葉樹などの自然林を伐採し、その跡地に経済性の高い針葉樹などを植えることをいう。それらの木々が、現在は木材として利用可能な樹木に成長してい

■表2　森林率

順位	都道府県	森林面積の比率（%）
1	高知	83.3
2	岐阜	79.1
3	山梨	77.8
4	島根	77.5
5	奈良	76.9
6	和歌山	76.8
7	宮崎	75.9
8	岩手	75.1
9	徳島	74.9
10	長野	74.8
11	京都	74.1
12	福井	74.0
13	鳥取	73.1
14	広島	72.0
15	大分	71.5
16	山口	71.4
17	秋田	70.5
18	愛媛	70.4
19	山形	69.0
20	北海道	68.0
21	岡山	68.0
22	福島	67.9
23	兵庫	66.8
24	石川	66.3
25	三重	64.6
26	鹿児島	63.9
27	青森	63.8
28	群馬	63.5
29	新潟	62.9
30	静岡	62.6
31	熊本	61.2
32	長崎	59.1
33	富山	56.4
34	宮城	56.1
35	栃木	53.2
36	滋賀	50.7
37	香川	46.5
38	沖縄	46.1
39	佐賀	45.3
40	福岡	44.2
41	愛知	42.4
42	神奈川	39.0
43	東京	36.0
44	埼玉	32.2
45	千葉	31.1
46	茨城	30.9
47	大阪	30.5
	全国	65.6

（総務省統計局 社会生活統計指標2009年）

る。にもかかわらず、利用されている樹木はごくわずかなのだ。

森林面積は増えないのに、森林蓄積は増えている

森林面積はここ数十年ほとんど増加していないが、森林蓄積（樹木の幹の体積）は年々増え続けている。戦後に植林や拡大造林した木々がたくましく成長してきた証拠である。しかし、それらの木々が充分に活用されていない。

わが国は木材の自給率が30％未満で、70％以上が外国から輸入されている。これでは、収穫期を迎えている農作物を、そのまま放置して腐らせているようなものである。

森林は石油などの鉱物資源と違い、計画的に管理すれば枯渇することはない。発展途上国などで見られる無計画な伐採は自然破壊につながるが、適正な伐採は森林を活性化させる。日本の伐採率は欧米先進国に比べて著しく低い。資源に乏しい日本で、唯一といってもいい豊富な森林を有効に活用することが、今後重要となってくるのではないだろうか。

❻「平地」「平野」「盆地」はどう違うのか

山地の対義語は「平地」である。平地とは起伏の少ない平らな土地をいう。「平地」と「平野」を同義語として使うこともある。しかし正確にいうと、起伏の少ない平らな土地には、平野以外に盆地があるし、高原や台地も含まれる。これらを総称したものが平地である。

平地でも標高が低く、海岸に面した比較的大きな平らな土地が「平野」だと解釈すればよいだろう。たとえ標高が低くて広い平地でも、海に面していなければ日本では「平野」とはいわない。「盆地」と呼ぶ。しかし、外国では必ずしもそうではなく、フランスのアキテーヌ盆地やロアール盆地のように、海に面している盆地がある。

日本列島には大小無数の平野や盆地がある。全国のほとんどの都道府県に平野と盆地があるといっても過言ではないだろう。

平野が1つもないのは7府県だけ

日本の平野は、外国と比べればどこも小さい。外国では「平野」ではなく、「平原」と呼ぶことが多く、東ヨーロッパ平原は日本の総面積の10倍以上の広さがある。日本の平野のほとんどが、河川によって運ばれてきた土砂が堆積して形成された堆積平野だ。平野は海に面しているので、内陸県には平野がまったくないのかというとそうでもないし、海岸に面しているのに平野が1つもない府県もある。

標高何メートル以下の平地を平野というのか、面積がどれだけあれば平野なのか、定義があるわけではなく、平野の境界もあいまいである。地図帳で緑色に印刷されたところが平野だと解釈すればよいだろう。「え！　これでも平野というの？」と、外国人が聞いたらびっくりするような小さな平野もある。

「〇〇平野」と名のつく平野がまったく存在しないのは全国で7府県だけ。栃木、群馬、埼玉の3県は海に面していない内陸県だが、れっきとした平野がある。「関東平野」だ。関東平野は関東7都県にまたがる日本一大きい平野で、これら3県もその一角を占めている。

また、岐阜県にも平野がある。濃尾平野は愛知と岐阜の両県にまたがっており、その名称は岐阜県南部の旧国名である「美濃」と愛知県西部の旧国名の「尾張」から1文字ずつ取って名づけられている。中部地方には、内陸県が岐阜県のほかに長野県と山梨県があるが、両県とも周囲を山に囲まれていて、平地はすべて盆地か高原である。

海に面している府県なのに平野がない

近畿地方では滋賀と奈良の2県が内陸県なので平野はなく、近江盆地および奈良盆地という比較的大きな盆地がある。このように、**海に面していない8県のうち、栃木、群馬、埼玉、岐阜に平野があり、山梨、長野、滋賀、奈良には平野がない。**

逆に、海に面していても平野のないのが福島県と京都府、沖縄県の3府県だ。福島県には会津盆地や郡山盆地、福島盆地など、盆地はあるが海岸沿いの平地は狭いため、名のある平野はない。京都府にも京都盆地という日本有数の大きな盆地があるが、京都府北部の海に面している丹後地方に平野はない。沖縄県は多くの島々からなる島しょ県。いちばん大きい沖縄本島は南北の長さは100kmほどあるが、東西の幅が10kmそこそこしかないので、平野といえるような広い平地はない。それ以外の県には、たとえ小さくても平野を名乗る平地が存在している。地図を見る限り、岩手県に平野があるとは思えないが、県の南部を流れる胆沢《いさわ》川の流域に広がる胆沢扇状地を、胆沢盆地とも胆沢平野とも呼んでいる。

❼オーストラリアより長い日本の海岸線距離

わが国は周囲を海に囲まれた島国である。しかも海岸線は変化に富み、日本列島の周辺には無数の島々が浮かんでいる。そのため、国土は狭小だが、海岸線は驚くほど長い。全長3万5126kmあり、あとわずかで地球を一周してしまうほどの長さである（国土交通省河川局統計）。オーストラリアは日本の20倍以上の面積を有し、しかも周囲を海に囲まれている。その**オーストラリアの海岸線距離より、日本の海岸線距離のほうがはるかに長い**のである。

海岸線の距離が日本一長いのは長崎県、短いのは鳥取県

海岸線の距離を都道府県別で見ると、北海道が４４０２㎞でいちばん長い。日本の総面積の22％を占めているのだから当然といえるかもしれない。ただし、これは北方領土を含めた距離で、北方領土分を除くと北海道の海岸線距離は３１００㎞ほどになる。すると、北海道の20分の１ほどの面積しかない**長崎県が４１９６㎞で、北海道に大差をつけて日本一に躍り出る**のである。長崎県の海岸線がいかに変化に富んでいるか、いかに多くの島を有しているかは、地図を見れば明らかだろう。

以下、鹿児島（２６４３㎞）、沖縄（２０２７㎞）、愛媛（１６３３㎞）、山口（１５０３㎞）、広島（１１２９㎞）、三重（１０９１㎞）、熊本（１０８５㎞）、島根（１０２７㎞）の10道県が、１０００㎞以上の海岸線を有している。島が多かったり、リアス式海岸があったりと、海岸線の距離が長い県にはそれなりの理由がある。

海に面していない８県を別にすると、海岸線の距離がもっとも短いのは鳥取県の１２９㎞で、長崎県の30分の１にも満たない。以下、山形（１３５㎞）、富山（１４７㎞）、福島

（１６７㎞）、茨城（１９２㎞）と続く。これらの県の海岸線はいたって単調である。

失われつつある自然海岸、大阪府はわずか１・９㎞

日本の海岸線は、自然海岸、半自然海岸、人工海岸、河口部の４つに区分される。「自然海岸」とは人間の手が加えられていない自然の状態を保っている海岸をいう。護岸や消波ブロックなどの構築物はあるが、潮間帯《ちょうかんたい》（満潮時の海岸線と干潮時の海岸線の間の区間）が保たれている海岸を「半自然海岸」という。満潮時の海岸線が正式な海岸線である。人工的につくられた海浜や干潟も半自然海岸である。

かつては、日本のすべての海岸線が自然海岸だったはずである。しかし、それらは年々失われつつあり、すでに全国の半分近くの海岸線が自然海岸ではない。海岸線に人間の手が加えられるのも、災害を防ぐためならやむを得ないが、乱開発によって自然海岸が失われつつあるとしたら問題は深刻である。

大都市圏の海岸線は、ほとんどが人工海岸だといっていい。**日本一自然海岸が短いのは大阪府で、２３３㎞ある海岸線のうち自然海岸はわずか１・９㎞、全体の０・８％**にすぎない。そこで大阪府では自然海浜保全地区条例を施行し、岬町の長松と小島の２地区に残されているわずかな自然海岸を自然海浜保全地区に指定し、保全に努めている。

そのほか、富山、茨城、愛知、福島などが自然海岸の少ない県である。

❽埋立地だらけの東京湾、品川区に隣接する江東区

広義の東京湾は三浦半島の剱崎《つるぎざき》と房総半島の洲崎《すのさき》を結んだ線の北側の海域をいうが、三浦半島の観音崎と房総半島の富津《ふっつ》岬を結んだ線の内側が狭義の東京湾である。狭義の東京湾岸は早くから開発され、現在では自然海岸がまったく残っていない。すべて人工海岸である（**図4**）。

日比谷入り江が最初の埋立て

東京湾は遠浅の内海だったため造成しやすく、小規模な埋立ては古代から行われてきた。だが、大規模な埋立ては江戸時代になってからのことで、日比谷入り江の埋立てが最初だといわれている。徳川家康が江戸城へ入城した当時、江戸城の前は江戸湾（東京湾）が深く入り込んだ「日比谷入り江」という内湾だった。家康は江戸の人口が増加することに備えて、駿河台の神田山を切り崩して日比谷入り江を埋め立て、そこを町人の居住地にしたのである。

■図4　東京湾岸の埋立地

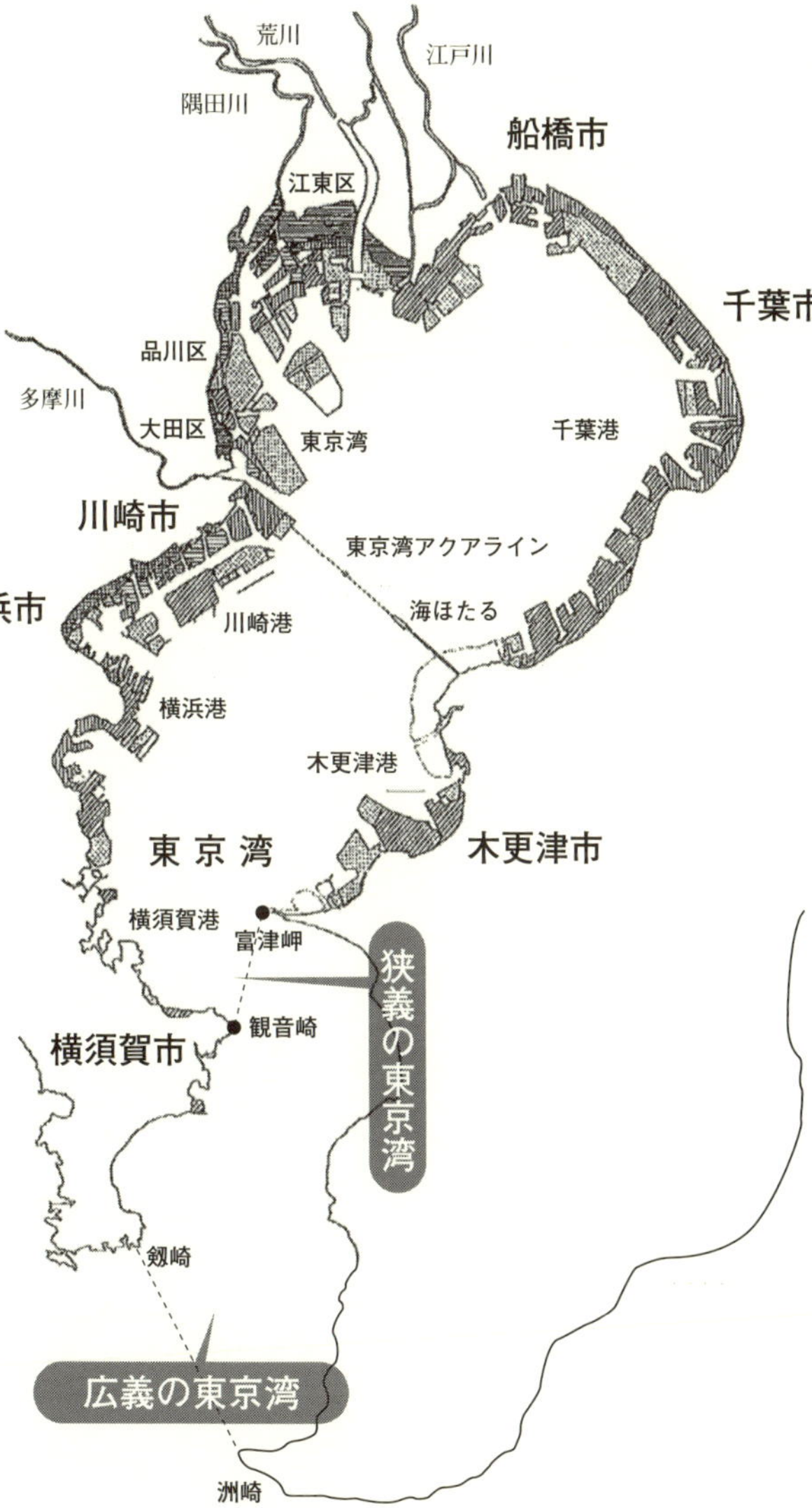
荒川
江戸川
隅田川
船橋市
江東区
千葉市
品川区
多摩川
大田区
東京湾
千葉港
川崎市
東京湾アクアライン
横浜市
海ほたる
川崎港
横浜港
木更津港
東 京 湾
木更津市
横須賀港
富津岬
狭義の東京湾
観音崎
横須賀市
剱崎
広義の東京湾
洲崎

その後も埋立ては続けられる。明治も末期になると佃島や月島、芝浦など次々に埋立てられていった。大正から昭和にかけては、晴海や豊洲、東雲《しののめ》、天王洲などが埋立てによって出現した。江東区は半分以上が埋立地である。

本格化したのは高度成長期の昭和40年代になってからのこと。東京、神奈川、千葉の臨海部は工業用地などを確保するため盛んに埋立てられた。東京、千葉、神奈川の3県だけでも、東京23区のおよそ半分に相当する300㎢ほどの面積が埋立てによって広げられた。埋立地は工業地帯のほか、住宅団地、海浜公園、物流センター、大都市リゾート、商業地、空港などの施設に生まれ変わっている。東京ディズニーランドは埋立地に造られたテーマパークだし、羽田空港は関西国際空港や中部国際空港などと同じように、人工島に建設された海上空港とみなしてもよいだろう。

大田区と江東区がドッキング

埋立地によって東京湾は小さくなった。もとは現在より20％ほど大きかった。しかし、埋立てによって奇妙な現象が生じることになった。**本来は遠く離れていたはずの区と区が、埋立地によって隣接することになった**のである。

品川区は東京23区の南部に位置する区で、23区の東部にある江東区とは遠く離れていた。

それが臨海副都心・お台場の出現によって、品川区と江東区が接することになったのである。お台場を走り抜けている首都高速湾岸線上で、品川、港、江東の3区の境界線が交わっている。

さらに、お台場の沖に中央防波堤埋立地という広大な埋立地が建設され、江東区と大田区がドッキングすることになった。だが境界線は未定である。かつては、無用の長物としてその管轄を押しつけ合っていたが、現在は逆に江東区と大田区との間でその帰属をめぐって奪い合いが行われ、水面下の争いが続いている。

⑨日本の行政区分は五畿七道から五畿八道へ

日本で最初の行政区分は、古代律令制における五畿七道である。五畿は畿内ともいった。「畿」は都を意味する。現在の首都圏にあたるのが五畿で、大和（奈良県）、山城（京都府中南部）、摂津（大阪府北部および兵庫県南東部）、河内（大阪府南東部）、和泉（大阪府南西部）の5カ国からなっていた。757（天平宝字元）年に和泉国が河内国から独立するまでは「四畿」と称された。

朝廷は畿内を中心に全国を七道に分け、七道はさらに63の律令国（旧国）に区分された。

■図5　五畿七道と66国2島

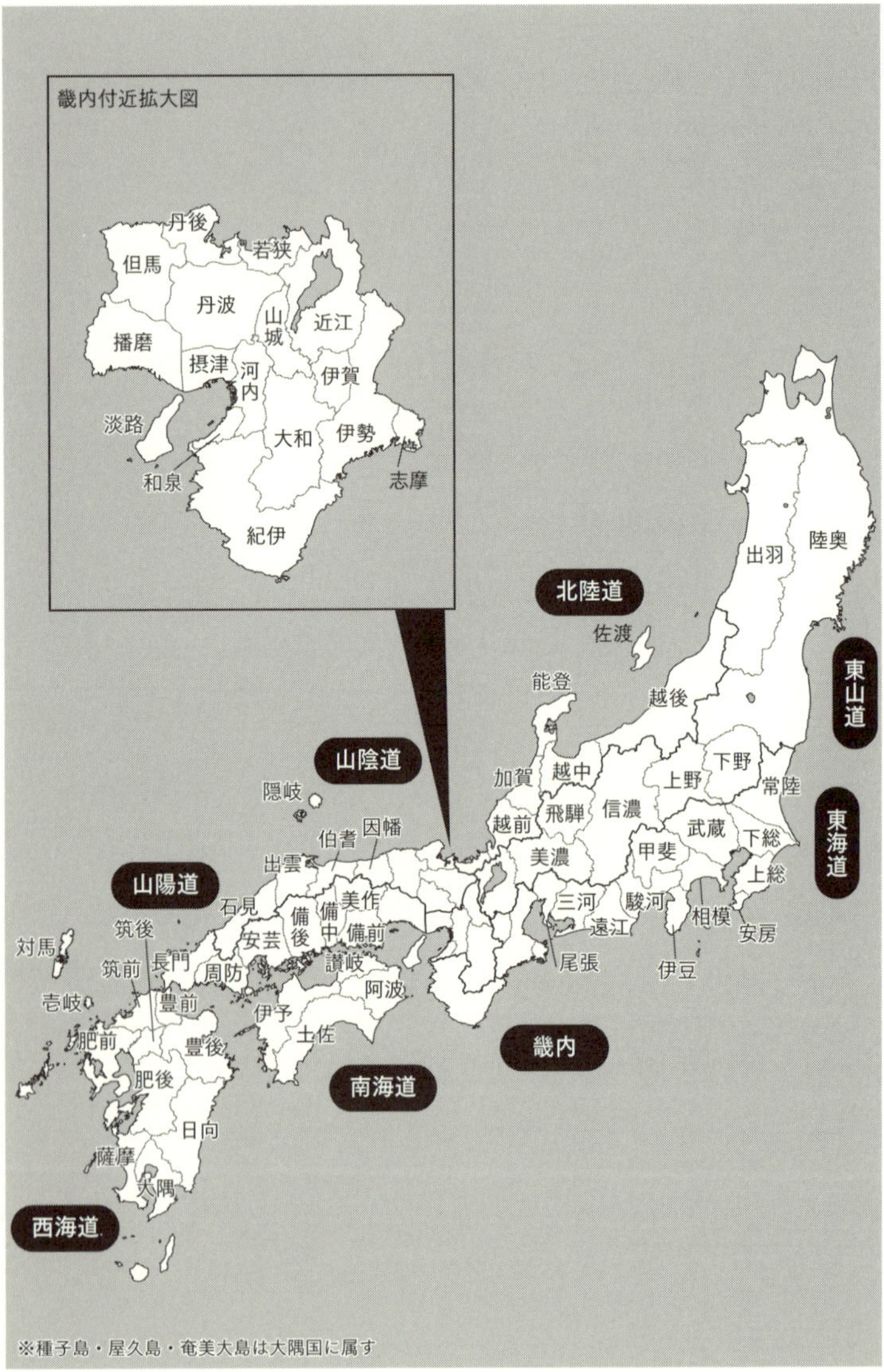

※種子島・屋久島・奄美大島は大隅国に属す

東海道（15）、東山道（8）、北陸道（7）、山陽道（8）、山陰道（8）、南海道（6）、西海道（11）の七道で、これに畿内の5カ国を加えて68国である（対馬と壱岐を島として扱い、66国2島と数えることもある）（**図5**）。

山陽道は大路、東海道は中路、北陸道は小路

五畿七道の七道は行政区分であるとともに、中央（畿内）から諸国に放射状に延びる7本の幹線道（七道駅路）の名称でもあった。七道駅路は律令制下において整備された交通制度で、各駅には駅馬や伝馬が置かれ、中央と地方とを往来する官人たちに利用された。中央集権的なシステムがすでに出来上がっていたのである。

七道はその重要度によって大路《たいろ》、中路《ちゅうろ》、小路《しょうろ》の3種類に区分されていた。当時は山陽道が大路だった。というのも、大陸からの文化は北九州に上陸し、山陽道を通って畿内に伝えられており、畿内と北九州（筑紫国）を結ぶ山陽道がもっとも重要視されていたのである。日本の大動脈である東海道も、当時は中路にすぎなかった。

- **大路**…山陽道
- **中路**…東海道、東山道
- **小路**…北陸道、山陰道、南海道、西海道

大国、上国、中国、下国とは？

現在の行政区分である47都道府県は、人口の多い少ない、面積の大小にかかわらず、同等の自治権が与えられているが、68の律令国はそうではなかった。**各国の財政状況や人口など、国力により大国、上国、中国、下国の4等級にランクづけされていた**のである。

「大国」は大和、武蔵、越前など13国、「上国」は出羽、相模、越後など35国、「中国」は土佐や薩摩など11国、「下国」は飛騨や伊豆など9国。各国には中央から派遣された国司が赴任し、行財政をはじめ司法、軍事、祭祀などすべてを取り仕切った。人口が多く、土地面積も広く、財政力も整っていた国が最上級の「大国」に位置づけられ、納税などあらゆる面で優遇されていた。

- **大国**…大和、河内、陸奥《むつ》、上野《こうずけ》、近江、常陸、下総、上総、武蔵、伊勢、越前、播磨、肥後
- **上国**…山城、摂津、出羽、下野、信濃、美濃、相模、甲斐、駿河、遠江《とおとうみ》、三河、尾張、越後、越中、加賀、丹波、但馬《たじま》、因幡《いなば》、伯耆《ほうき》、出雲、備前、備中《びっちゅう》、備後《びんご》、美作《みまさか》、安芸《あき》、周防《すおう》、紀伊、阿波、讃岐、伊予、豊前、豊後、筑前、筑後、肥前
- **中国**…安房、佐渡、能登、若狭、丹後、石見、長門、土佐、日向《ひゅうが》、大隅、薩摩
- **下国**…和泉、飛騨、伊豆、志摩、伊賀、隠岐、淡路、対馬、壱岐

明治時代に生まれた国もある

五畿七道は江戸末期まで続いた行政区分だが、厳密にいえば明治時代になっても機能していた。五畿七道の68国を見ると、東山道の陸奥国と出羽国が、他国に比べると著しく面積が広大である。そこで1869（明治2）年1月、陸奥国は陸前（宮城県中北部および岩手県南東部）、陸中《りくちゅう》（岩手県および秋田県の一部）、陸奥（青森県および岩手県の一部）、磐城《いわき》（福島県東部および宮城県南部）、岩代（福島県西部）の5国に、出羽国も羽前（山形県）と羽後（秋田県および山形県の一部）に分割された。これによって**五畿七道は73カ国になった。**

同年8月、新しい行政区画として「北海道」が制定され、五畿七道から五畿八道になった。しかし、千年以上も続いてきた古代律令制による行政区分も、2年後に廃藩置県が断行されたことにより、政治的にも行政区分としても、ほとんど意味のないものになってしまった。

⑩3府302県から47都道府県へ

1867（慶応3）年11月、江戸幕府が崩壊して明治新政府が樹立されると、新政府は欧米先進国に対抗しうる強国にするため、天皇を中心とする中央集権国家の建設に着手した。そこで、政府が地方を直接支配できる政治体制の確立をめざし、翌年閏《うるう》4月、「府藩県三治制」という政治制度を導入。旧幕府の領地を没収して政府の直轄地とし、そこに3府（東京、京都、大阪）と41の県を置いた。府と藩と県が共存することになったのである。しかし、政府の直轄地は国土の一部に過ぎず、全国には依然として多くの藩が存在していたため、中央集権化は一向に進展しなかった。

そこで1869（明治2）年、政府は中央集権体制をより強固なものにしようと、薩長土肥の主導で版籍奉還を強行。諸藩は版（土地）と籍（領民）を朝廷に返上し、藩主を知藩事に任命した。これまで独立した権力を握っていた藩主は、新政府の地方官となって各藩を治めることになったのである。

廃藩置県を断行し、諸藩を解体

版籍奉還で版と籍を返上したとはいえ、藩主の特権はこれまで通り認められていたため、藩主が知藩事に名を改めただけというのが実態であった。これでは一向に中央集権体制を築くことができない。諸藩の封建的な体質を根底から解体する必要があった。そこで政府の下した決断が**「廃藩置県」**だった。藩を廃し、そこに県を置くのである。

1871（明治4）年7月、天皇は在京の知藩事を皇居の大広間に集め、在藩の知藩事には上京を命じた。諸藩の激しい抵抗が予想されたため、武力を背景にして廃藩置県は断行された。これによって**全国にあった261の藩が県に置き換えられ、すでに存在していた3府41県を合わせて3府302県**になった。

302県が35県に

藩をそのまま県にしたため、他県の飛び地がいたるところに点在し、しかも各県の人口や面積、財政力などには著しい格差があった。それを是正するため、全国的な規模で大胆な統廃合が行われた。

政府は試行錯誤を繰り返しながら同年11月、3府302県の行政区分を、約4分の1の3府72県に統合した。弱小な県を隣県に併合してバランスを取ったのである。だが、千年以上続いた律令国には、習慣や文化などに共通性があり、地域的なつながりも強い。旧国の境界を県境とするのが理想だが、人口や財政規模のバランスを重視したため、旧国が分割されたり統合されたりもした。それが紛争の火種を抱えることになったことに、政府は気づいていなかったとみられる。

これでも不十分だと判断した政府は1876（明治9）年、引き続き府県の統廃合を進め、**3府72県は最終的に約半分の3府35県にまで統合された（図6）**。1県あたりの財政力を高めて体質を強化し、盤石な中央集権国家を実現するための措置であった。しかし、これは地域的なつながりや住民感情を無視した、あまりにも強引な統廃合であったため各地で不満が噴出し、地域紛争が発生することになった。

四国は2県、九州は5県、北陸は石川県だけに

いかに強引な統廃合であったかは、地図を見れば明らかだ。四国は愛媛と高知の2県しかない。九州も宮崎と佐賀の2県が姿を消して5県になった。山陰でも鳥取県が島根県に併合され、北陸でも富山、福井の両県が石川県に併合された。日本でもっとも早くから栄えていた**奈良県も地図上から消え、堺県になった**のである。

統廃合された県には、県庁の支所を置くなどの措置を取ったが、住民の不満は収まらず、各地で分県運動が勃発した。地域紛争は政治的な混乱を招き、中央集権体制が崩壊しかねない。政府はそれを鎮めるため、地域の状況に応じて分県を認めざるを得なかった。まず1879（明治12）年、琉球藩を沖縄県とし、翌年、徳島県が高知県から独立した。1881年には福井県を石川県から分立させ、鳥取県を島根県から切り離した。さらに、1883年には石川県から富山県が、長崎県から佐賀県が、鹿児島県から宮崎県が独立し

■図6　3府35県の行政区分

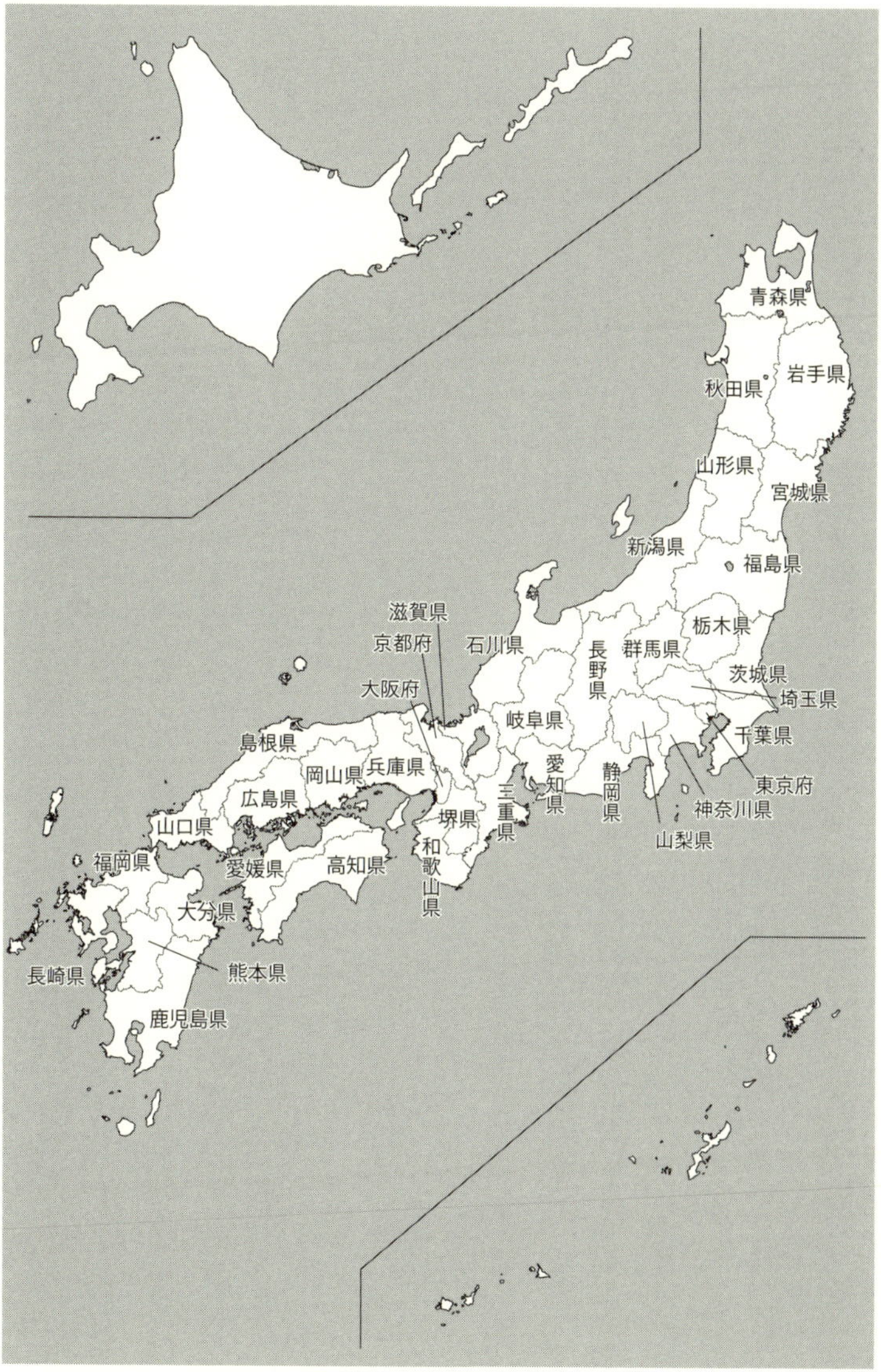

た。翌年には奈良県も復活。そして1888（明治21）年、香川県が愛媛県から独立し、ほぼ現在の行政区分が出来上がったのである。

47都道府県が成立してまだ40年

香川県が43番目となる最後の県だが、現在の行政区分である47都道府県が誕生したのは戦後になってから。まだ40年ほどの歴史しかないのだ。香川県が愛媛県から独立した当時、全国の行政区分は3府43県だった。日本の首都である東京は東京府だった。東京府から東京都になったのは第二次世界大戦まっただ中の1943（昭和18）年である。北海道にも他の府県と同等の自治権が与えられたのは、1947（昭和22）年に地方自治法が施行されてからのことだった。沖縄県も第二次世界大戦の敗戦により長い間アメリカの統治下に置かれていたが、1972（昭和47）年5月、日本に復帰し、これで現在の47都道府県になった。47都道府県が出揃って、まだ40年あまりしか経っていないのである。

⑪日本の行政区分が26道府県になっていた可能性がある

明治新政府は廃藩置県以降、府県の統廃合を幾度となく繰り返し、一時は3府35県にまで統合したが、地域のつながりや住民感情を無視して強行したため各地で紛争が発生した。だが、政府はそれにもこりなかったのか、行政区分の再編は必要不可欠だと考えていたのか、さらなる統廃合を目論んでいた。

1888（明治21）年に、香川県が愛媛県から独立して現在の行政区分になって15年後の1903（明治36）年、26の府県に統合する「府県廃置法律案」が帝国議会へ提出され、正式に決定される手はずになっていた（**図7**）。しかし、帝国議会の解散によりこの法律案が議会へ提出されることはなかった。26府県からなる日本地図は、国立公文書館に所蔵されている。3府35県よりもさらに少ない府県になっているとはいえ、地域的なつながりを重視した統廃合がなされており、住民への配慮の跡がうかがえる。

東北4県、関東4府県、中部4県――岩手県も静岡県も姿を消す

この「府県廃置法律案」では、広大な面積を有する東北地方は4県に統合されている。岩手県は分割して県の中北部を青森県に併合、南部が仙台県に組み込まれ、東北地方から岩手県が姿を消している。山形県も中北部が秋田県に、南部が福島県に組み込まれている。

関東に目を移せば、3府35県に統合されたときには消滅していた宇都宮県が復活し、群馬、栃木の2県と茨城県の北部を管轄する広大な県になっている。茨城県の南部は千葉県

図7　府県廃置法律案による行政区分〈26府県〉

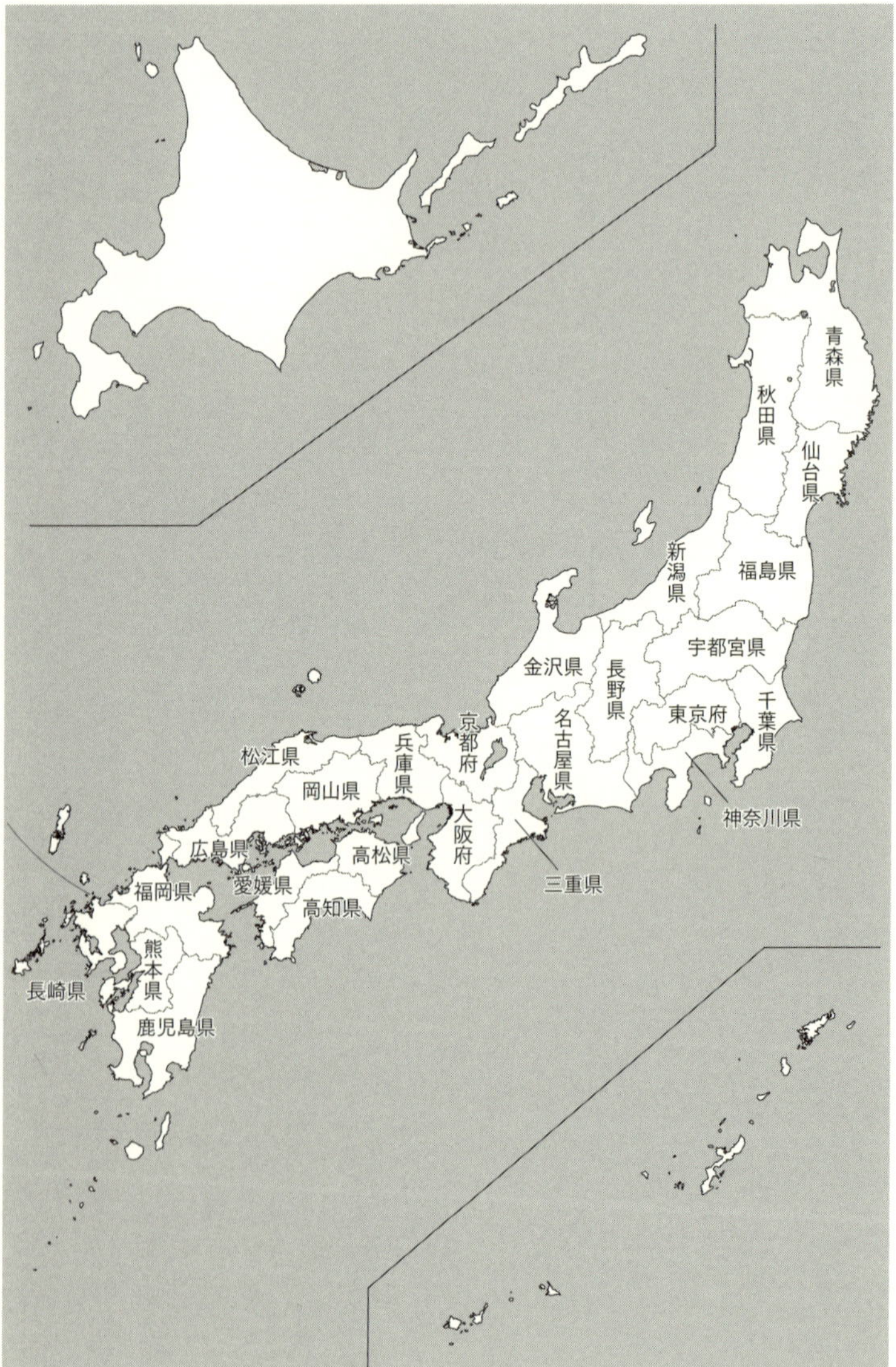

に併合され、茨城県は消滅。東京は埼玉県と山梨県を管轄下に置いた。神奈川県ではなく、山梨県を組み入れたのは人口のバランスを考えてのことだろう。今では首都圏の一翼を担っている山梨県が、当時から重要視されていたことをうかがわせる。神奈川県は静岡県東部の旧伊豆国と駿河国を管轄し、静岡県の西半分の旧遠江国と、岐阜県の旧美濃国は名古屋県が管轄。静岡県と岐阜県が消滅している。石川県は金沢県と名を変え、再び富山県と福井県を併合し、岐阜県の旧飛騨国も管轄する広大な県となっている。

再び消滅した奈良県、本州にも食い込む福岡県

近畿地方も4府県に統合され、滋賀、奈良、和歌山の3県が消滅している。京都府は古代からつながりが深かった福井県の若狭地方と滋賀県を併合。兵庫県は鳥取県の東半分の旧因幡《いなば》国を併合した。大阪府は奈良県を管轄し、さらに和歌山県を三重県と分け合っている。兵庫県東南部の一部も大阪府に組み込まれている。

中国地方では山口県と鳥取県が消滅し、3県になっている。岡山県は広島県の東部（旧備後国）を併合し、島根県は松江県と県名を変え、鳥取県の西部（旧伯耆国）を併合。広島県には山口県の大半が組み込まれ、3県とも広大な県になっている。四国では、かつては香川県が徳島県に併合されたという歴史があるが、今回は逆に徳島県が香川県に併合さ

れ、高松県という県名になっている。

九州では、3府35県の時代に宮崎県は鹿児島県に、佐賀県は長崎県に併合されたが、今回はそれに加えて大分県も福岡県に併合され、**九州は福岡、熊本、鹿児島、長崎の4県**になった。特筆すべきは、福岡県が本州の一部（山口県西部）も組み込み、現在は長崎県の領域である対馬や壱岐をも管轄することになっていた。26府県の地図と現在の行政区分の地図を比べてみると（**図8**）、新潟、長野、愛媛、高知、熊本の5県の領域が同じであることがわかる。比較的面積が広く、地域的なまとまりもあったので、他県と合併させるのは賢明でないと考えたのだろう。

東京府の人口は高知県の6倍、現在では35倍の格差

地図上に北海道と沖縄の道県名が記載されていない。それは、おそらく両地域とも、人口が他県に比べ著しく少なかったからだろう。26府県の人口を見ると、比較的バランスが取れている。少なくとも現在のような大きな人口格差はない。人口がいちばん多いのは東京府で375・7万人。もっとも人口の少ない高知県の約6倍だが、現在の人口に当てはめると、およそ35倍の格差がある。高知県の人口が10万人あまりしか増えていないのに、埼玉と山梨を加えた東京は、当時より1700万人以上も増えている。過疎化と過密化が、

■図8　現在の行政区分〈47都道府県〉

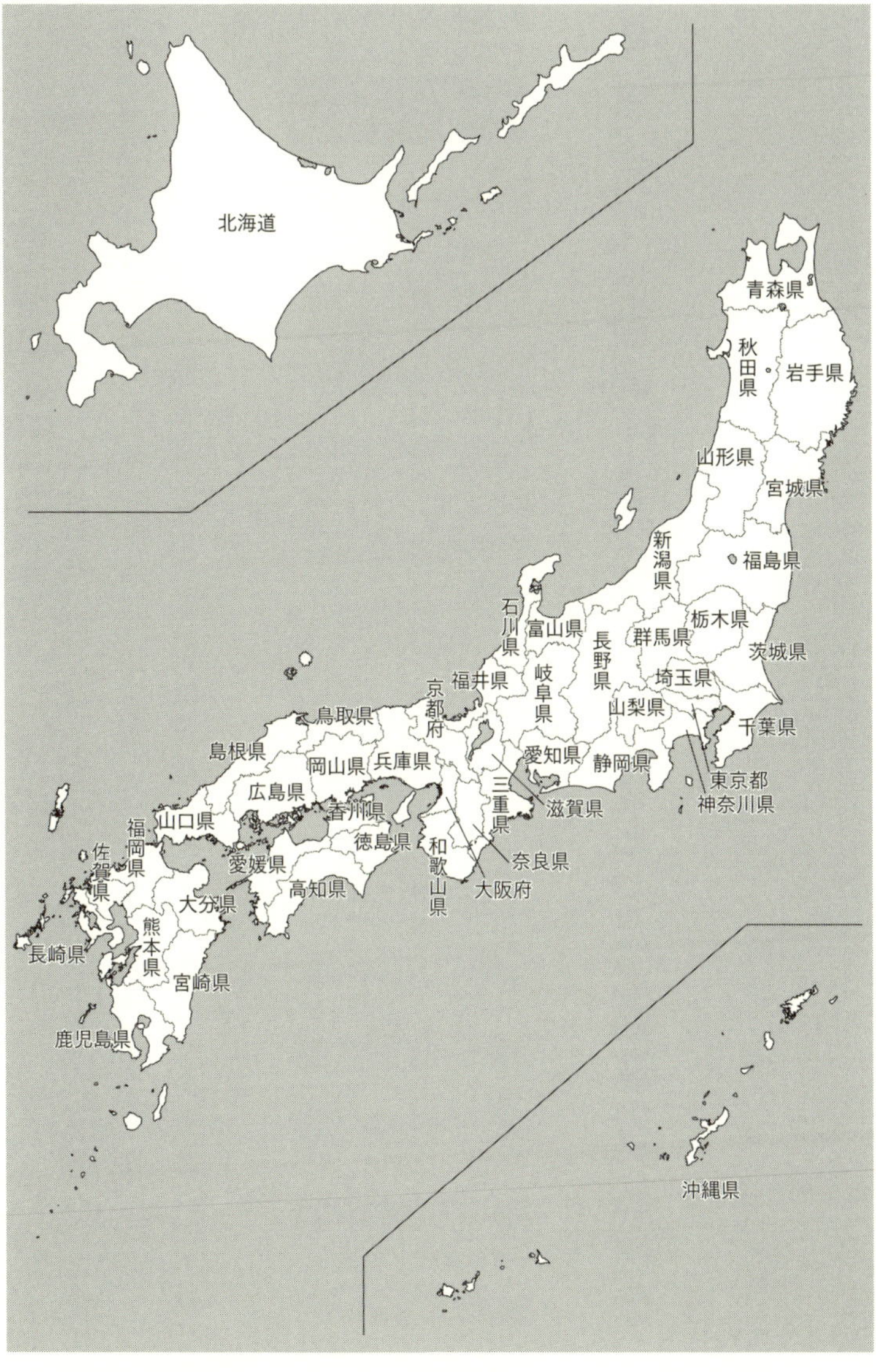

いかに凄まじいものであったかを如実に物語っている。

東京に次いで人口が多いのは名古屋県と県名を変えた愛知県で304・2万人、3位は京都府で279・4万人。当時の京都府は、大阪府（181・5万人）より人口が多かった。人口の格差は現在の都道府県に比べるとはるかに小さく、26府県のうち人口100～200万人の府県が17府県ある。

■表3
府県廃置法律案の行政区画と人口

道府県名	人口（万人）
北海道	
青森	105.8
秋田	142.2
仙台	114.4
福島	127.7
宇都宮	210.2
千葉	107.3
東京	375.7
神奈川	158.3
新潟	170.4
長野	126.3
金沢	209.5
名古屋	304.2
三重	107.2
京都	279.4
大阪	181.5
兵庫	181.0
松江	95.4
岡山	171.2
広島	169.2
高松	137.5
愛媛	99.3
高知	62.0
福岡	246.5
長崎	143.9
熊本	114.9
鹿児島	156.6
沖縄	

（1903（明治36）年人口）

⑫国、県、支庁、振興局――目まぐるしく変わった北海道の行政区分

北海道は、明治になるまでほとんどの地域が未開の原野だった。だが、北海道ほど行政区分が目まぐるしく変わった地域もない。

明治新政府は1869（明治2）年、東京に開拓使を設置した。そして、蝦夷地を古代

■図9　北海道を11国に区分

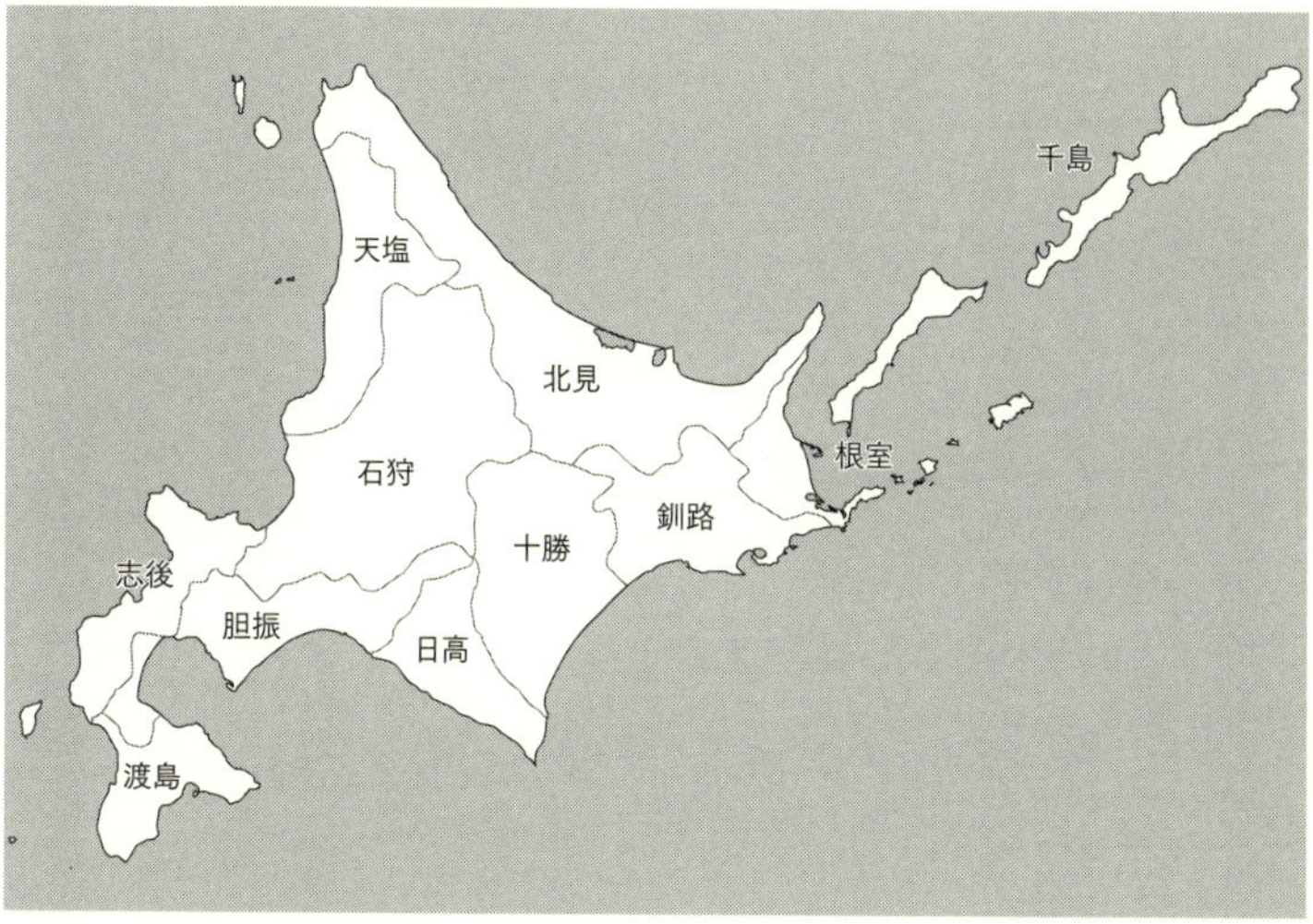

律令制の行政区画の五畿七道に倣《なら》って北海道と改名し、そこに11カ国86郡を置いた。渡島《おしま》、後志《しりべし》、胆振《いぶり》、石狩、日高、天塩《てしお》、十勝、釧路、北見、根室、千島《ちしま》の11カ国である（**図9**）。

1872（明治5）年には開拓使の札幌本庁を開設し、開拓次官になった黒田清隆は「北海道経営10カ年計画」を打ち出し、翌年から実施。士族の集団移住を積極的に進めるとともに、屯田兵《とんでんへい》の制度を設けるなどして、本格的に北海道の開拓に乗り出した。

11カ国が函館、札幌、根室の3県に

北海道経営10カ年計画が満了となる1882（明治15）年、開拓使の制度は廃止され、代わって函館、札幌、根室の3県が置かれた。広大な北海道が3つの県に分割され

■図10　北海道14支庁

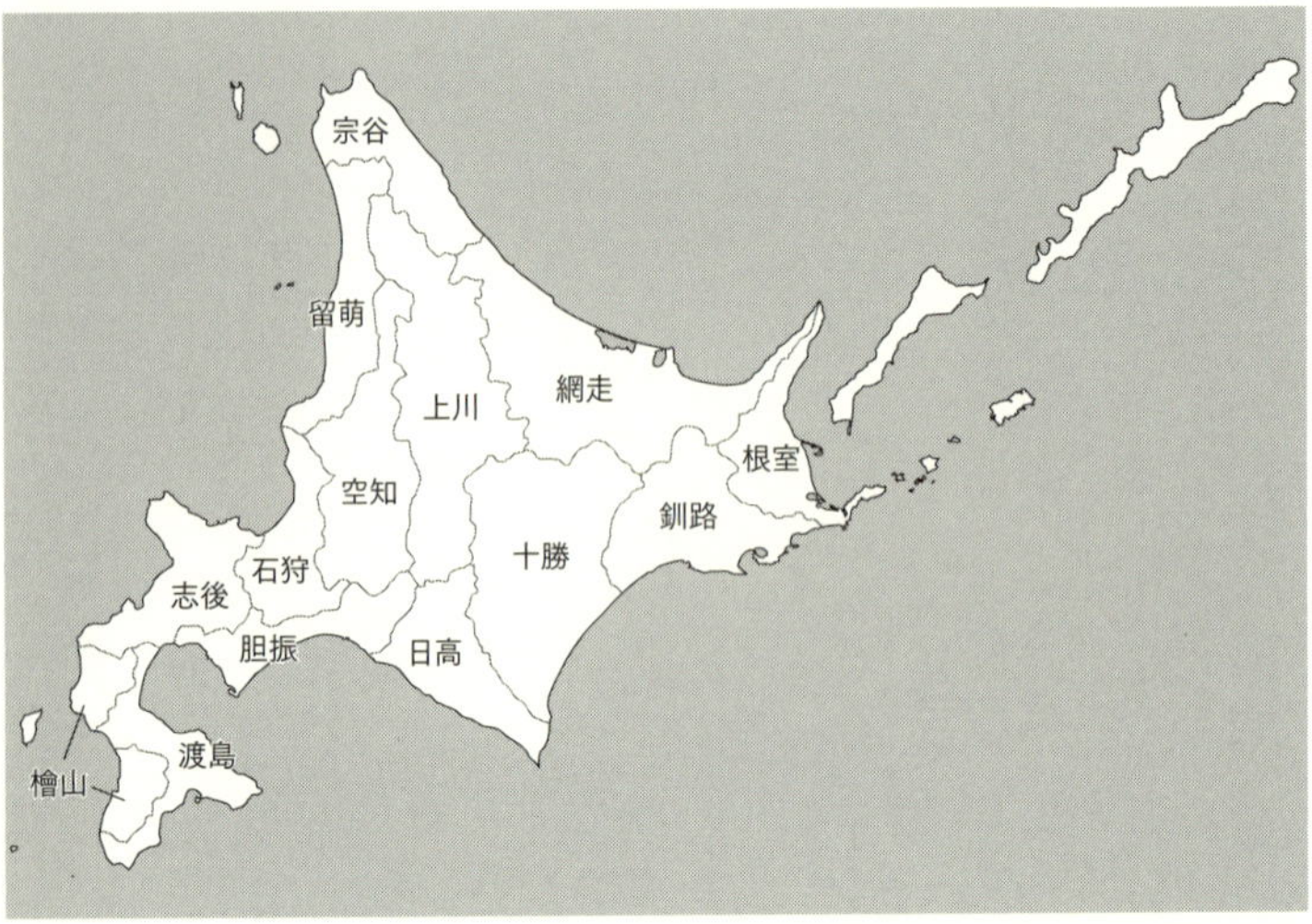

たのである。早くから開発が進んでいた渡島半島を函館県、北海道の東部（釧路、根室、北見、千島の4国と十勝国の足寄《あしよろ》郡）を根室県、残りの広大な地域を札幌県とした。

しかし、それぞれの県の人口は本州の府県とは比較にならぬほどの少なさで、およそ県の体裁をなしてはいなかった。ちなみに函館県の人口は14・1万人、札幌県は9・8万人、根室県にいたってはわずか1・3万人と、小さな町村程度の人口である。

それでも北海道に県を置いたのは、本州並みの財政基盤を持った県に発展させるという北海道の開発にかける意気込みによるものだろう。しかし各県と、3県を統括する北海道事業管理局との二重構造が弊害となって、開発は計画通りに進展しなかった。1886（明治19）年には、3県制度は不合理だとして廃止され、代わって北海道全土を管轄する北海道庁が設置された。

支庁制の導入で14支庁が成立

だが、広大な面積の北海道を1つの行政単位として管轄するには無理がある。そこで1897（明治30）年、行政の効率化を目指して支庁制を導入し、全道を19の支庁に区分した。その後、19支庁は幾度となく統廃合を繰り返し、1910（明治43）年までに14支庁になった（**図10**）。

各支庁には、北海道庁の出先機関を置いて住民の利便を図った。各支庁の面積は県のそれに匹敵、いやそれ以上の面積を有しているところもあるが、人口は著しく少なく、10万人に満たない支庁も少なくなかった。北海道が他府県と同等の自治権を有するようになったのは、1947（昭和22）年に地方自治法が施行されてからのことである。

14支庁が9つの総合振興局に再編されるはずだった

14支庁制はそれから60年あまり続くが、北海道にも一大転機が訪れる。それまでの14支庁を9つの総合振興局に再編し、総合振興局の下に5つの振興局を置く「北海道総合振興

■図11　9つの総合振興局と5つの振興局

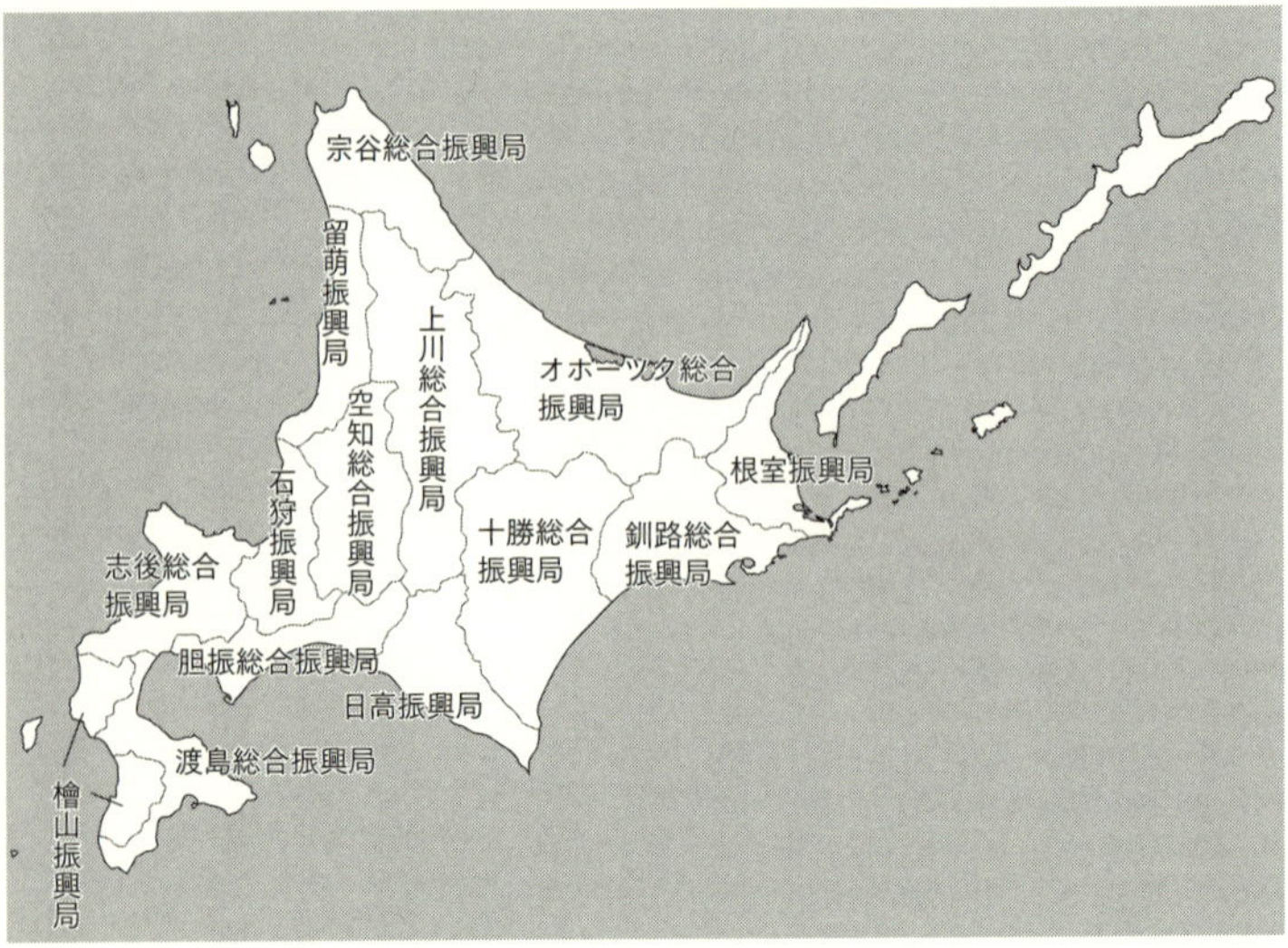

局及び振興局の設置に関する条例」が、2008（平成20）年の道議会で可決された。しかし、格下げになる檜山《ひやま》、石狩、留《る》萌《もい》、日高、根室の5支庁からの猛反発で、この条例は翌年に改正され、名称のみの変更にとどまった。総合振興局と振興局は同格の扱いである。網走支庁が「オホーツク総合振興局」と名称を変えたほか、幌延《ほろのべ》町が留萌支庁から宗谷《そうや》総合振興局へ、幌加内《ほろかない》町《ちょう》が空知《そらち》支庁から上川《かみかわ》総合振興局へ管轄が移った以外は大きな変化はなかった（**図11**）。

もし、14支庁を9つの総合振興局に再編するという条例が実施されていれば、以下の9つの名称と管轄になっていた。

・**道南総合振興局**…渡島支庁、檜山支庁

・**日胆《にったん》総合振興局**…胆振《いぶり》支庁、日高支庁
・**後志総合振興局**…後志支庁
・**道央総合振興局**…空知支庁、石狩支庁
・**道北総合振興局**…上川支庁、留萌支庁
・**宗谷総合振興局**…宗谷支庁
・**オホーツク総合振興局**…網走支庁
・**十勝総合振興局**…十勝支庁
・**道東総合振興局**…釧路支庁、根室支庁

北海道が蝦夷地《えぞち》と呼ばれていた当時から、現在の9総合振興局および5振興局の行政区分になるまでの間には、行政区分に大きな動きもあった。

1871（明治4）年の9月から1年の間、北海道にも青森県の一部が存在したこと、1875（明治8）年に締結された「樺太・千島交換条約」により千島列島の全島が日本の領土になったこと、第二次世界大戦の敗戦で千島列島を手放したことなどである。

⑬日本の人口が1億人を割るのはいつか

明治初期の日本の人口は約3300万人で、現在の4分の1強しかいなかった。その後、着実に人口は増えていき、日本で初めて国勢調査が実施された1920（大正9）年には5596・3万人にまで増加した。第二次世界大戦で一時的に減少したことはあったが、人口は増え続け、1970（昭和45）年には日本の人口も1億人を突破した。1980（昭和55）年に1億1706万人を記録し、**第1回国勢調査から60年間で日本の人口は2倍以上にもなった。**

平均寿命の伸びで人口減少を食い止めてきたが

増加することはあっても決して減少することはないと思われていた日本の人口だが、1990年代に入ると鈍化しはじめ、2008（平成20）年、ついに減少に転じた。これまで日本が経験したことのない大きな社会変化である。そこでクローズアップされてきたのが、少子高齢化問題である。

人口の減少は2008年になってからだが、日本の経済を支えている労働力の人口減少は、すでに1990年代後半からはじまっていた。それなのに人口が増加し続けてきたのは、平均寿命の延びによるものである。しかし、それも限界にきている。当然のことながら、その反動として高齢化が進むことになった。

「団塊の世代」といわれる1947〜1949年生まれの人が65歳以上になってから、高齢化も急速に進み、2013（平成25）年には65歳以上の人口比率、すなわち高齢者率が25・1％と4人に1人が高齢者になった。**2035（平成47）年には高齢化率が33・4％と、3人に1人が高齢者という社会が到来することが推測されている。**

人口減少を防ぐ手立てはないのか

2010（平成22）年の国勢調査人口によると、日本の総人口は1億2806万人。国立社会保障・人口問題研究所が公表した日本の将来推計人口によると、2026（平成38）年には1億2000万人を割り込み、**2048（平成60）年には9913万人と、1億人を割る。**そして、2060（平成72）年には8674万人と、9000万人をも大きく下回ると推測されている。ただし、これは出生率や死亡率、平均寿命、国際人口移動なども考慮した仮定に基づいて試算したものなので、出生率が現在より上昇すれば当然のことながら、人口の減少率を抑えることができる。それだけに少子高齢化問題は、現在のわが国が抱える最大の課題だといえる。

内閣府は2014年1月、「選択する未来」委員会を設置し、日本がこの先も持続的に成長、発展していくための対策を講じている。そのなかで、50年先にも人口が1億人を割り込まない人口構造を保持するために、外国からの移民を毎年20万人程度受け入れていくという構想もある。果たしてこれは国民が望んでいることなのか。そうならないためにも、合計特殊出生率（1人の女性が一生に産む子供の数）を高めるための対策を進めていかなければならないだろう。

⑭ついに島根県の人口が70万人を割る

日本の総人口を第1回国勢調査（1920年）と第19回国勢調査（2010年）を比べてみると、5596万人から1億2806万人へと約2・3倍に増加している。普通であれば各都道府県の人口も同じように増加していてもおかしくはない。

しかし、人口の増加率には著しい地域差があり、第1回国勢調査から第19回国勢調査までの90年の間、人口が5倍以上にまで増加した府県がある一方で、ほとんど増加しなかった府県もある。過疎と過密がどのように進行していったかが、人口統計から明らかになっている。

人口の増加率が日本一高かったのは神奈川県

人口の増加率がいちばん高かったのは、首都圏の一角を担う神奈川県で、1920年の人口が132・3万人であったのに対し、2010年の人口は904・8万人で、増加率は6・8倍にも達する（**図12**）。埼玉県5・5倍、千葉県4・7倍、東京都3・6倍、愛知県3・5倍、大阪府3・4倍と、三大都市圏で高い増加率を記録している。

逆に、地方では人口増加率がきわめて低く、**島根県では90年間に2000人あまり増加しただけ**である。ちなみに、

■図12　島根県と神奈川県の人口推移

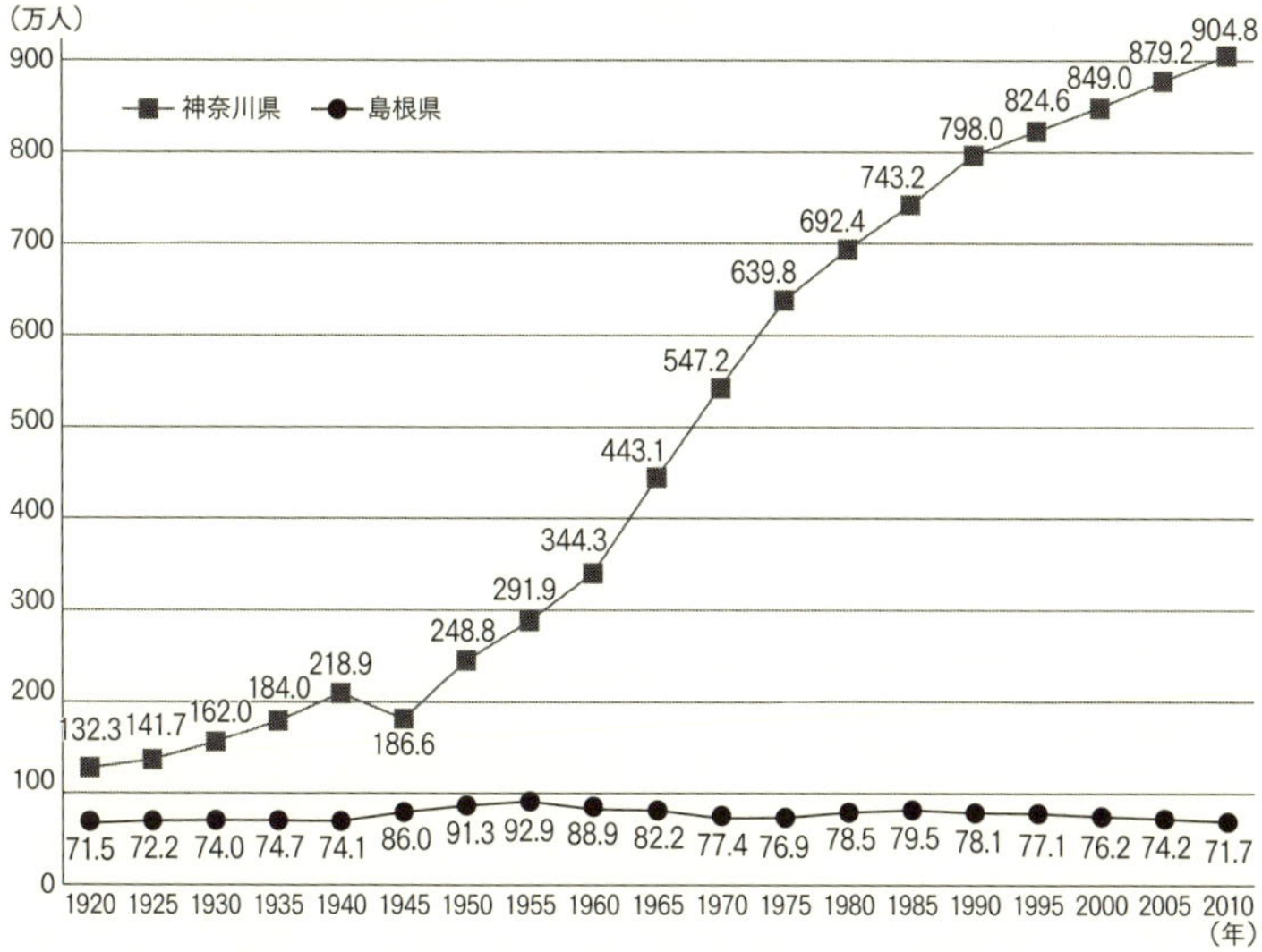

1893（明治26）年の島根県の人口は70・1万人で、神奈川県の人口は76・0万人。両県の間にほとんど人口差はなかった。国勢調査がはじめて実施された1920年の時点では、島根県は神奈川県の54％の人口を有していた。しかし、2010年の国勢調査では、島根県の人口は神奈川県の7・9％にすぎない。いかに日本の人口分布に大きなひずみが生じてしまったかである。

神奈川県の人口推移を見てみると、日本が高度成長期に入った1960年代から急激に人口が増加していることがわかる。地方から大都市圏に人口が凄まじい勢いで移動したことを物語っている。日本の人口は2・3倍増加しているのだから、島根県も同じように増加したとしても不思議ではないが、ほとんど人口の増減がなかった。ということは、島根県の人口比率が90年間で2・3分の1に縮小されてしまったことになる。

第1回国勢調査の人口を下回った唯一の県

2010年の国勢調査以降も、過疎と過密の人口格差は進行しつつあり、全国一人口増加率が低かった島根県は、2014（平成26）年4月、ついに70万人を割り込み、69・7万人を記録した。第1回国勢調査の人口を下回ったのである。**当時の人口を下回ったのは全国で唯一、島根県だけである。**同じ山陰地方の鳥取県でも、45・5万人から57・4万人と12万人ほど増加している。島根県の人口が70万人を割ったのは、国勢調査の開始以来はじめてのこと。1955（昭和30）年のピーク時の人口（92・9万人）に比べると約25％も減少している。

人口が減少した最大の原因は、高度成長期に神奈川県など大都市圏で急激に人口が増加したのとは対照的に、島根県には特に大きな産業がなかったため、労働力人口が都市部へ流出してしまったからである。島根県は定住促進政策に取り組んできたが、人口減に歯止めをかけることができなかった。このままのペースで人口減少が続けば、2040年代には島根県の人口が50万人も割りこみ、鳥取県にも抜かれて全国で最小の県になる可能性さえある。

⑮毎年増え続けている限界集落とは

少子高齢化が進めば必然的に人口は減少し、それに反比例して過疎地が増える。日本の人口は2008（平成20）年をピークに減少に転じたが、大都市圏では依然として人口の増加が続いており、東京、大阪、名古屋の三大都市圏だけで日本の総人口の50％以上を占めている。大都市圏と地方との人口格差は一段と拡大しているのだ。過疎化対策は少子化対策とともに、日本が抱える大きな社会問題になっている。

全市町村の46％以上が過疎地域

過疎地域は山村や離島など人口の希薄な地域ばかりではなく、地方都市の周辺にまで拡大しつつある。過疎地域とは、人口の減少が続くことにより、教育や医療、消防など、地域社会の機能が著しく低下している地域をいう。これといった産業がないため、若者は仕事を求めて都市部へ流出してしまう。結果として少子高齢化が進み、その地域は活気を失う。当然のことながら財政力が弱まり、行政サービスも低下する。

過疎地域に指定されている市町村数は全国で797ある（2014年）。**全市町村の半数に近い46・4％もの市町村が過疎地域に指定されている**のだ（市域の一部に過疎地域がある自治体も含む）。過疎地域に指定されている市町村がまったくないのは神奈川県だけである。これまでは、大阪府も過疎地域に指定された市町村がなかったが、2014年4月から千早赤阪村が新たに指定された。東京都にも奥多摩や伊豆諸島などに過疎地域を抱えている。北海道では全市町村の83・2％にあたる149市町村が過疎地域に指定されている。関東地方の12・6％に比べると、北海道の比率は際立っている。

■表4　過疎地域に指定された市町村数

都道府県名	過疎市町村数	比率（%）
北海道	149	83.2
青森	28	70.0
岩手	22	66.7
宮城	9	25.7
秋田	21	84.0
山形	21	60.0
福島	29	49.2
茨城	4	9.1
栃木	3	12.0
群馬	14	40.0
埼玉	4	6.3
千葉	6	11.1
東京	6	15.4
神奈川	0	0
新潟	14	46.7
富山	3	20.0
石川	9	47.4
福井	6	35.3
山梨	15	55.6
長野	37	48.1
岐阜	14	33.3
静岡	8	22.9
愛知	5	9.3
三重	9	31.0
滋賀	2	10.5
京都	9	34.6
大阪	1	2.3
兵庫	9	22.0
奈良	15	38.5
和歌山	18	60.0
鳥取	12	63.2
島根	19	100.0
岡山	20	74.1
広島	16	69.6
山口	12	63.2
徳島	13	54.2
香川	8	47.1
愛媛	17	85.0
高知	28	82.4
福岡	21	35.0
佐賀	9	45.0
長崎	13	61.9
熊本	27	60.0
大分	16	88.9
宮崎	17	65.4
鹿児島	41	95.3
沖縄	18	43.9
全国	797	46.4

*過疎地域とみなされる市町村を含む
（総務省 自治行政局 2014年）

超限界集落もある

過疎地域に指定された市町村には全部で6万2271の集落があるが、そのなかには人口の50％以上が65歳以上の高齢者で占める限界集落に陥っているところが少なくない。これでは、これまで集落単位で協力してやってきた農作業や冠婚葬祭などができなくなるばかりではなく、田畑は荒廃し、耕作放棄地の拡大を招く。また、その地域に受け継がれてきた伝統芸能などが途絶えてしまう恐れもある。ちなみに、「限界集落」という言葉は、1991年に高知大学（当時）の大野晃教授が、過疎化が進む日本の現状に警鐘を鳴らす意味で使った。限界集落では、もはや一定水準の生活を維持することが困難になっているのである。

なかでも、**住民の全員が65歳以上の集落を「超限界集落」**という。これらの集落は国が何らかの対策を講じなければ、やがて消滅する運命にある。**いずれ消滅するとみられている集落は、限界集落の3分の1以上を占めており、**日本の過疎化問題がきわめて深刻な状況に陥っていることを裏づけている。

過疎地域にある集落を何の手立てもなく放っておけば限界集落に陥り、やがて無人集落と化すだろう。国は過疎地域対策緊急措置法に基づいて補助金を出すなど、それなりに対策を講じてきたが、過疎化の進行を食い止めることはできていない。この問題に全力で取り組まなければならないのはいうまでもないが、それよりも地域住民に自立していく気概がなければ、過疎化の流れを食い止めることはできないのではないか。自立できる環境を整えていくことが、これからの課題といえるだろう。

第二章

意外と知られていない複雑な日本の地形

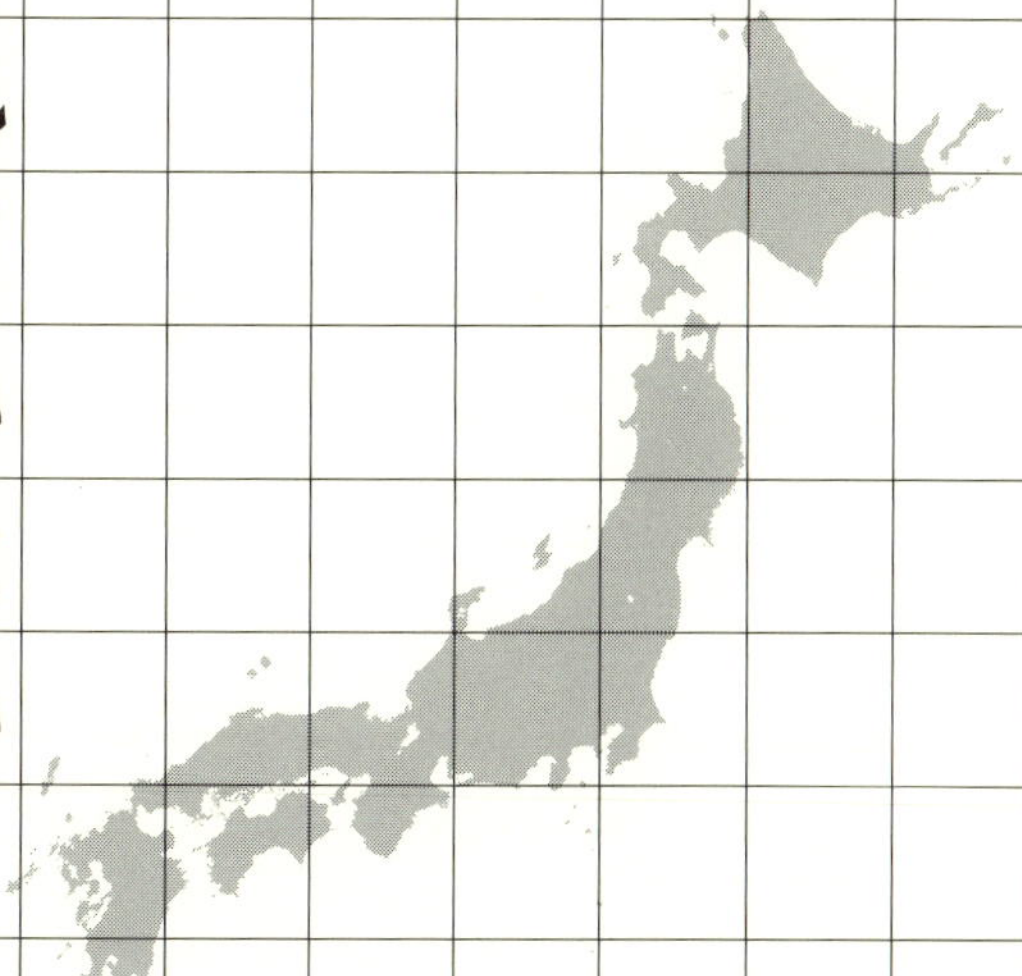

❶何度も名前が変わる川、変わらない川

わが国は、国土の3分の2以上を山地が占める山国で、世界でも有数の多雨地帯。しかも地形が複雑で、いたるところに川が流れている。河川はときとして大きな被害をもたらすが、河川から享受できる恵みは計り知れないほど大きい。ある土地に降った雨は一筋の水の流れとなって、他の土地から流れてくる川と合わさりながら、標高の低いほうへと流れていく。上流では細々とした流れの川も、下流に行くにしたがって川幅も広くなり、やがて大河となって海へと注ぐ。

淀川は水源から河口にたどり着くまで7度も名前を変える？

水源から一度も名前を変えないまま海へ注いでいる河川がある一方で、河口にいたるまでに何度も名前を変える川もある。

日本一の大河として知られる利根川は、水源を発してから太平洋に注ぐまで一度も名前を変えることはない。北海道でいちばん長い石狩川も、伊勢湾に注ぐ木曽川も、上流から下流まで同じ河川名である。

だが、新潟県の北部で日本海に注ぐ「阿賀野川」は、上流では「阿賀川」という。赤石山脈を水源する釜無川《かまなしがわ》は、甲府盆地で笛吹川と合流して「富士川」となり駿河湾に注ぐ。北アルプスを発する梓川《あずさがわ》は、奈良井川との合流点から「犀川《さいがわ》」と名を変える。紀伊水道に注ぐ紀の川も、奈良県では「吉野川」という名前だ。

中国地方一の大河である「江の川《ごうのかわ》」も、上流の広島県では「可愛川《えのかわ》」という。このように、上流と下流で名前の異なる河川は少なくないのである。

だが、大阪湾に注ぐ「淀川」ほど何度も名前を変える河川も珍しい。淀川の水源は琵琶湖ということになっているが、琵琶湖には無数の川が流れ込んでいる。琵琶湖の北側に注ぐ姉川の支流に「高時川《たかときがわ》」という小さな川がある。この川は滋賀と福井の県境にある栃ノ木峠を水源としているが、ここが淀川の河口からいちばん離れた地点で、淀川の水源ともいわれている。そこには「淀川の源」の碑も立っている。高時川は「姉川」に合流して琵琶湖に注ぐ。琵琶湖から流れ出ている唯一の川が「瀬田川」で、滋賀県から京都府に入ると「宇治川」と名前を変え、京都と大阪の府境近くで桂川と木津川を束ねて「淀川」と名を改める。

淀川の毛馬《けま》水門で新淀川と旧淀川が分岐するが、新淀川は明治時代に開削されたもので、直接大阪湾に注いでいる。だが、本来の淀川は旧淀川である。旧淀川は毛馬水門から「大川」「堂島川」「安治《あじ》川」と名前を変えながら大阪湾に注ぐのである。こうしてみると、**淀川は水源から河口にたどり着くまで、7度も名前を変えている**ことになる。

千曲川のほうが長いのになぜ信濃川？

日本一長い信濃川も上流は「千曲《ちくま》川」といい、長野県から新潟県に入ってから「信濃川」と名を改める。新潟県を流れる川なので、本来であれば越後川としてもよさそうなものだが、「信濃の国から流れてくる川」という意味から信濃川と呼ばれるようになったといわれている。

信濃川は山梨（甲斐）、埼玉（武蔵）、長野（信濃）3県の県境にそびえる甲武信《こぶし》ヶ岳《がたけ》を水源とし、長野県と新潟県内を流れ下って、新潟港から日本海に注ぐ全長367㎞の日本一長い河川である。水源から長野と新潟の県境までが千曲川で、そこから河口までを信濃川という。千曲川の全長は214㎞、新潟県内を流れる信濃川は153㎞。千曲川のほうが60㎞以上も長いのだ。それなのに、なぜ水源から河口までの367㎞すべてを信濃川というのだろうか。

上流から河口までの一連の川のつながりを水系というが、河川法では水系の一貫管理体系により、一般的にはその水系で幹となる本川（海に注ぐ川）が水系名（信濃川水系）になる。したがって、たとえ千曲川のほうが長くても、海に注いでいる本川（本流）を河川名（信濃川）とするため、その本川に合流するすべての川が信濃川水系なのである。

❷一級河川より長い二級河川がある

わが国の河川法では、河川を「一級河川」「二級河川」「準用河川」「普通河川」に分類している。

一級河川とは一級水系内の河川のうち、「国土保全上または国民経済上特に重要な水系」で国土交通大臣が指定したもの。二級河川は一級水系以外の水系で「公共の利害に重要な関係があるもの」で都道府県知事が指定したものをいう。準用河川は一級および二級河川以外の河川法が準用される河川で、市町村長が指定したもの。河川法が適用されないのが普通河川である。

日本一長い二級河川は日高川

一級水系は全部で109。二級水系は2723と一級水系の約25倍もあるが、河川数（支川数）は二級河川の7084に対し、一級水系はその約2倍の1万3989の河川がある。

流域面積でも、一級水系（24・7万㎢）は二級水系（10・9万㎢）の2倍以上の面積がある。常識的に考えれば、一級河川は二級河川より長いのが普通である。しかし、一級河川より長い二級河川も少なくないのである。

日本一長い河川は信濃川の367㎞だが、二級河川で日本一長いのは、紀伊山地の護摩《ごま》壇山《だんざん》を発して紀伊水道に注ぐ日高川で全長127㎞。信濃川の約3分の1の長さだが、じつは**一級水系109のうち77水系が日高川より短い**のである。しかし、河川が国土保全上または国民経済上におよぼす重要度は、河川の長さだけで決められるものではない。

一級河川で日本一短いのは、長崎県の多良山系を発して諫早湾《いさはや》に注ぐ本明川《ほんみょう》で、全長わずか21㎞と信濃川の17分の1。流域面積は87㎢で、日本最大の利根川（1万6840㎢）の200分の1強。河川数もわずか18本しかなく、河川延長距離は68㎞と、どれをとってもミニサイズである。だが、これまでたびたび大きな被害を出しており、川幅の拡張や河川改修などが行われてきた。しかも、河口近くには諫早湾干拓調整池がある。諫早湾干拓事業を巡って紛争が発生したことはまだ記憶に新しい。この干拓工事によって河川の長さが21㎞から28㎞に、流域面積も87㎢から249㎢に拡大した。

このように、本明川は小河川ながらも国土保全上、国民経済上きわめて重要な河川で、そのため一級河川に指定されているのである。

■表5　河川の長さ

順位	水系名	本流の長さ（km）	河口がある自治体
1	信濃川	367	新潟
2	利根川	322	千葉、茨城
3	石狩川	268	北海道
4	天塩川	256	北海道
5	北上川	249	宮城
6	阿武隈川	239	宮城
7	最上川	229	山形
8	木曽川	229	三重
9	天竜川	213	静岡
10	阿賀野川	210	新潟

■表6　河川の流域面積

順位	水系名	流域面積（㎢）	河口がある自治体
1	利根川	1万6840	千葉、茨城
2	石狩川	1万4330	北海道
3	信濃川	1万1900	新潟
4	北上川	1万150	宮城
5	木曽川	9100	三重
6	十勝川	9010	北海道
7	淀川	8240	大阪
8	阿賀野川	7710	新潟
9	最上川	7040	山形
10	天塩川	5590	北海道

（国土交通省河川局）

日本一長い河川は日本列島より長い

1位淀川、2位信濃川、3位利根川。これは何の順位だかおわかりだろうか。河川数、すなわち支川の本数の順位である。

淀川の長さは75㎞で信濃川の5分の1に過ぎないが、**支川の数は淀川が965本で信濃川の880本を上回り、日本一多い**のである。そういえば、淀川の水源は琵琶湖である。河川法上の名称は「一級河川琵琶湖」である。琵琶湖には多くの川が流入している。直接琵琶湖に注いでいる川だけでも119本、支川も含めれば500本を超える。淀川の河川数が日本一であるのも納得できるだろう。

では、1位利根川、2位信濃川、3位淀川。これは何の順位だろうか。流域面積の順位ではない。淀川の流域面積は8240㎢で滋賀県の2倍以上の広さがあるが、残念ながら第7位であった。この順位は河川延長距離の長さである。すなわち、支川も含めて水系のすべてを1本につないだ長さである。

1位の利根川の河川延長距離はなんと6838㎞。日本列島を軽く往復してしまう長さである。本川の長さがわずか75㎞しかない淀川でも、4515㎞にもなる。いかに日本の地形が複雑かということである。

■表7　河川数（支川数）の順位

順位	水系名	河川数	河口がある自治体
1	淀川	965	大阪
2	信濃川	880	新潟
3	利根川	819	千葉、茨城
4	富士川	555	静岡
5	肱川	475	愛媛
6	石狩川	464	北海道
7	最上川	429	山形
8	木曽川	391	三重
9	吉野川	356	徳島
10	天竜川	332	静岡

■表8　河川延長距離

順位	水系名	河川延長（km）	河口がある自治体
1	利根川	6838	千葉、茨城
2	信濃川	5014	新潟
3	淀川	4515	大阪
4	石狩川	3688	北海道
5	木曽川	3010	三重
6	北上川	2722	宮城
7	最上川	2478	山形
8	十勝川	2371	北海道
9	阿賀野川	2199	新潟
10	天竜川	2074	静岡

（国土交通省河川局）

❸一級河川しか流れていない県、二級河川しか流れていない県

日本は周囲を海に囲まれた島国のため、無数の河川が海に注ぎこんでいるが、そのほとんどが二級水系である。だがそれ以外に、109の一級水系があり、河川数は1万3989にものぼる。これだけ多くの一級河川が日本の国土に流れているということである。47都道府県すべてに一級河川が流れていてもおかしくないように思うだろう。ところが、一級河川がまったく流れていない、流れるのはすべて二級河川という県がある（準用河川および普通河川は除く）。

一級河川が流れていないのは全国で唯一沖縄県だけ

何度もいうが、一級水系は国土保全上、特に重要な水系なので、ある程度の長さがあって流域面積も広い。だが、沖縄県はいちばん大きい沖縄本島でも東西の幅が10㎞にも満たない。一級水系に指定されるような大きな河川がまったく流れていないのだ。もっとも長い川でも浦内川の18・8㎞と短く、流域面積も54㎢にすぎない（利根川の300分の1未満）。しかも、浦内川は沖縄本島ではなく、八重山列島の西表島《いりおもて》を流れている。

二級水系は都道府県知事が指定し管理するもので、国が関与することはない。ただし、二級水系でも河川の整備など特に必要だと認められた場合には、国が直接管理することもある。沖縄県の河川がそうだ。

沖縄県では、本来は一級河川にしか建設されないはずの特定多目的ダムが国によって建設されたり、河川改修が行われたりしている。長い間アメリカ軍に占領されていた沖縄は、本州に比べてインフラなどの整備が大幅に遅れていたため、沖縄振興特別措置法に基づく例外的な措置なのである。

二級河川が流れていない6県とは

海に面していない内陸県には、基本的に二級河川は流れていない。水系の一貫管理体系によって、本川（海に注いでいる川）が一級水系なら、その支流も、そのまた支流も一級水系である。つまり、一級水系の上流にある内陸県を流れる河川は、すべて一級河川なのである。ちなみに利根川の流域面積は関東7都県の面積の50％以上を占め、神奈川県を除く関東6都県と長野県にまでおよんでいる。

だが、例外もある。栃木、群馬、埼玉、山梨、長野、岐阜、滋賀、奈良の8内陸県のうち、山梨県と奈良県には二級河川が流れているのだ。富士山北麓にある富士五湖は、富士山の噴火による溶岩流によってできた堰止湖《せきとめこ》で、山中湖は一級水系の相模川の水源になっている。河口湖は自然の流出河川はないが、放水路によって相模川水系の宮川に放水されているため、相模川水系に属している。しかし、本栖湖、西湖、精進湖の3湖は流出河川がなく、どの水系にも属していないため二級河川として扱われているのだ。

また、奈良県には、日本一長い二級河川の日高川と、同じく和歌山県を流れる日置川、三重県の熊野灘に注ぐ銚子川が流れている。このように、山梨と奈良の2県は内陸県でありながら二級河川が流れているが、栃木、群馬、埼玉、長野、岐阜、滋賀の6県に二級河川は存在せず、すべてが一級河川である。

準用河川と普通河川――高瀬川も普通河川

一級河川を本川（本流）とする一級水系には、国土交通大臣が直接管理している区間と、都道府県知事に管理を委任している区間がある。また、二級河川を本川とする河川を二級水系といい、準用河川および普通河川を本川としている河川は「単独水系」という。

準用河川は、一級河川および二級河川以外の河川法が準用される河川で、市町村長が指定管理する。準用河川には二級水系とほぼ同じ数の水系があり、河川数は二級河川の約2倍に達する。

普通河川は河川法の適用あるいは準用も受けない河川だが、実際は市町村が普通河川管理条例などを定めて管理している。普通河川は河川法では河川として扱われていないが、全国にはそれこそ無数の普通河川があり、なかには有名なものもある。

江戸初期、角倉了以《すみのくらりょうい》・素庵《そあん》父子によって開削され、京都市中と伏見間の物資輸送に重要な役割を果たしてきた高瀬川も、じつは普通河川である。土地改良区の灌漑《かんがい》用排水路などはほとんどが普通河川だ。いずれにしても、河川は公共の利益に供するものであり、私的に使用してはならない。

ところで準用河川および普通河川は、単独水系にだけではなく、一級水系にも二級水系にもある。ちなみに京都の高瀬川も、一級水系の淀川水系である。このように、河川は複雑な管理体系になっている。

❹急流河川の多い日本、日本一急流な河川は？

わが国は国土面積に比べ、標高の高い山が多い。したがって、河川は急流である。山々に降った雨はまたたく間に海へと注ぐため、日本の河川は水を有効に活用できないというマイナス面がある。明治政府に招かれて、日本の河川を視察に来たオランダ人土木技師のヨハネス・デ・レーケが、「これは川ではなく滝だ」と驚嘆したというエピソードは有名である。滝は瀑布《ばくふ》ともいい、急斜面を勢いよく流れ落ちる水の流れをいう。日本の河川は、滝にたとえられるほどの急流河川が多いのである。急流であるがためにしばしば氾濫し、流域に大きな被害をもたらすこともある。舟運《しゅううん》にも適さないが、水の落差を利用した水力発電には適している。

「日本三大急流」は本当に急流なのか

「日本三大急流」とは、いかにも急流河川の多い日本ならではの呼称で、最上川、富士川、球磨《くま》川《かわ》の3つの河川を日本三大急流と呼んでいる。

最上川は飯豊山《いいでさん》を発し、山形県内を縦断して酒田市から日本海に注ぐ全長229kmの河川で、一つの県内だけを流れている河川としては日本最長である。富士川は赤石山脈（南アルプス）を水源とし、駿河湾に注いでいる。球磨川は九州山地から人吉盆地を流れ下って八代海に注ぐ。

では、この三川が日本一急流な河川なのかというとそうでもない。単純に水源の標高を河川の長さで割った平均勾配を見ると、信濃川は0・67％、利根川は0・56％、石狩川は0・73％。これに対し、最上川は0・88％、富士川は2・1％、球磨川は1・5％。信濃川や利根川などよりは確かに急流だが、驚くほどでもない。

日本三大急流より急流な河川がある

日本三大急流より急流な河川は北陸地方にある。新潟県の糸魚川《いといがわ》市から日本海に注いでいる姫川の平均勾配は4・9％、富山湾に注ぐ常願寺《じょうがんじ》川は4・8％もある。先に述べた「これは川ではなく滝だ」という言葉が出たのは、この常願寺川を見てのことで、最上川の5倍以上も急流である。ちなみに、日本海に注ぐ黒部川の平均勾配は3・4％、白山を発して日本海に注ぐ手取《てどり》川も3・8％と、日本三大急流と呼ばれる三河川とは比較にならないほどの急流である。

それなのに、これらの急流河川を差し置いて、最上、富士、球磨の三河川を「日本三大急流」と呼んだのは、それらの川がいずれも古くから物資の輸送路として、その地域では重要な交通路だったからだろう。

最上川は全般的に流れは緩やかだが、松尾芭蕉が奥の細道で「五月雨を集めて早し最上川」と詠んだように、「三大難所」と呼ばれる急流もある。

富士川も甲斐国と駿河国を結ぶ重要な交通路だったが、急流で水難事故が頻発し、船頭たちを苦しめた。球磨川も江戸時代、急流にたちはだかる巨岩を撤去する工事を行って物資輸送の交通路を確保したという歴史がある。全国的な知名度がある河川としては、特に急流であったため「日本三大急流」と呼ばれるようになったのだろう。現在は、かつて難所として恐れられていた急流を下る舟下りが人気である。

二級河川には、常願寺川や姫川よりも急流な河川がある。たとえば、日本一の多雨地帯として知られる紀伊半島の大台ケ原《おおだいがはら》から流れ出ている銚子川は、1600mの水源から河口の熊野灘まで20km足らずで一気に下る。平均勾配は8%以上にもなる。

外国の河川と比べると、さらに日本の河川の急流ぶりがわかる。世界一長いナイル川の水源の標高は1134m、川の長さが6650kmもあるので、平均勾配は0・018%にすぎない。ヨーロッパを流れるドナウ川の平均勾配は0・024%。日本の河川がいかに急流であるかである。

❺「山」の定義、何m以上あれば山なのか

山国のわが国には無数の山がある。日本列島に果たしていくつあるのだろうか。皆目見当がつかないというのが正直なところだ。

そもそも山についての明確な定義がないため、「山」と「丘陵」あるいは「丘」との区

別もあいまいである。また、人工的に土を盛り上げて、周りの土地より高くしたところも山といえるのかという問題もある。このようなありさまだから、日本にいくつの山があるのかを断言することは困難である。

日本にある山の数は1万8000あまり

国土地理院の2万5千分の1の地形図に記載されたものを正式な山と考えると、日本全土には1万8000ほどの山があるという（その山の数を、根気よく1つひとつ数えた人がいるのだ）。しかし、地形図に記載された山が、必ずしもある程度の高さがある山ばかりとは限らない。富士山や北岳など3000mを超えるような高峰もあれば、どう見ても山とは思えない、土地がやや盛り上がったところも、れっきとした山として地形図に記載されている。

仙台市にある日和山《ひよりやま》や大阪湾岸の天保山などのような、築山《つきやま》（人工的に土砂を用いて築いた山）で、しかも標高が5mにも満たないのに地形図に記載され、正式な山として認められているものもある。そうかと思うと、標高が数百mもありながら、名前がついていない山もある。地元の人たちの要望で、国土地理院の地形図に山名が記載されたケースもある。

山岳地帯には、国土地理院の地形図には載っていない小さなピークでも、登山家の間では「〇〇山」と呼ばれ、山岳地図には山名が載っているところがたくさんあるという。これらも山としてカウントすれば、日本にある山はそれこそ無限である。そういえば、市街地の中にも「山」の文字を使った地名が数多くある。

3000m以上の山は中部地方にしかない

高峰は本州のほぼ中央の中部地方に集まっている。**標高3000m以上の山は全国で21座あるが（主峰の付属の山は除く）、そのすべてが中部地方にある。**しかも富士山を除くすべての山が、北アルプスと南アルプスにそびえている。また、標高2500m以上の山も全国に150座あまりあるが、そのほとんどは中部地方に集中している。中部地方が「日本の屋根」といわれるのも納得できるだろう（**表9**）。

だが、さすがに標高2000m以上の山なら、中部地方以外の地域にもいくつもある。しかし、近畿以西には2000m以上の山は一峰もない。西日本の最高峰は四国の石鎚山《いしづちさん》で、標高は1982m。このほか西日本には、1900m以上の山が四国の剣山《つるぎさん》（1955m）、屋久島の宮之浦岳（1936m）、奈良県にある大峰山《おおみねさん》（1915m）の4峰があるだけである。

■表9　標高3000m以上の山

順位	山名	標高	所在地
1	富士山	3776	山梨・静岡
2	北岳	3193	山梨
3	奥穂高岳	3190	長野・岐阜
4	間ノ岳	3189	山梨・静岡
5	槍ヶ岳	3180	長野・岐阜
6	悪沢岳	3141	静岡
7	赤石岳	3120	長野・静岡
8	涸沢岳	3110	長野・岐阜
9	北穂高岳	3106	長野・岐阜
10	大喰岳	3101	長野・岐阜
11	前穂高岳	3090	長野
12	中岳	3084	長野・岐阜
13	荒川中岳	3083	静岡
14	御嶽山	3067	長野・岐阜
15	西農鳥岳	3051	山梨・静岡
16	塩見岳	3047	長野・静岡
17	南岳	3033	長野・岐阜
18	仙丈ヶ岳	3033	長野・山梨
19	乗鞍岳	3026	長野・岐阜
20	立山	3015	富山
21	聖岳	3013	長野・静岡

＊主峰の付属の山を除く

ちなみに、北海道の最高峰は大雪山連峰にある旭岳で２２９１ｍ。東北の最高峰は尾瀬国立公園にある燧《ひうち》ケ《が》岳《たけ》（２３５６ｍ）、関東の最高峰は日光白根山（２５７８ｍ）である。

ところで、高山を数える場合に、よく「座」という語を使う。これは「神が座るところ」の意味からきている。わが国は古くから山岳信仰が盛んである。雄大な山には神が宿り、山の頂には神が座っていると信じられていたので、高山を「座」と数えるのだろう。

❻都道府県の最高峰より標高の高い地点がある

日本の最高峰が標高3776mの富士山であることは、日本人なら誰でも知っている。だが、各都道府県の最高峰となると、地元の人でも意外に知らないものである。1000m程度の山ならどこにでもあるといってもよいだろう。とはいうものの、47都道府県のすべてに高い山がそびえているわけではない。

最高峰が1000m以下は4府県だけ

各都道府県で3000mを超える山があるのは、長野、岐阜、山梨、静岡、富山の5県だけで、すべて中部地方にあることは前項でも述べた。では、2000m以上の山がある都道府県はどれだけかというと、先の5県のほか北海道、岩手、山形、福島、栃木、群馬、埼玉、東京、新潟、石川の10都県と、思いのほか少ないのである。わが国は山国で地形が険しいが、2000m以上の山があるのは、47都道府県のうち15都道県にすぎない。その1つに東京都も入っているのだから、意外な気がしないでもない。**東京都の最高峰は東京、埼玉、山梨3都県の境界にそびえる標高2017mの雲取山《くもとりやま》**である。

１０００ｍ以上の山がまったくないのは、全国で千葉、京都、大阪、沖縄の4府県だけ。なかでも、千葉県は５００ｍ以上の山さえない。県の全域が平野と、なだらかな丘陵からなる。最高峰は房総半島の南部にある愛宕山《あたご》で、標高は４０８ｍ。山頂付近が航空自衛隊の防空レーダー施設になっているため、自由に立ち入ることはできない。愛宕山は47都道府県の最高峰としていちばん低い山でありながら、全国で唯一自由に登ることができない最高峰でもある。

最高峰が千葉県に次いで低いのは、沖縄県の於茂登岳《おもとだけ》で標高５２６ｍ。だが、於茂登岳は沖縄本島ではなく、石垣島にそびえる山である。最高峰が１０００ｍ未満の都道府県はこのほか、京都府（皆子山《みなごやま》〈９７２ｍ〉）と大阪府（葛城山《かつらぎざん》〈９５９ｍ〉）である。

大阪府にも１０００ｍを超える山がある

だが、都道府県の最高峰と最高地点は必ずしも一致していない。大阪府の最高峰は奈良県との境界に横たわる金剛山地の葛城山（大和葛城山）だが、じつは葛城山より高い山が大阪府にある。葛城山から5㎞ほど南にある金剛山である。標高１１２５ｍと葛城山より１６６ｍ高い。ただし、山頂は奈良県にあるのだ。そのため、山頂から少し下った山の斜面が府県境になっている。その境界線の標高は１０５３ｍで、葛城山の山頂より標高が94

m高い。ということは、最高地点が1000mに満たないのは千葉、沖縄、京都の3府県だけになる。

秋田と山形の県境にそびえる東北の秀峰鳥海山《ちょうかいさん》も、山頂は山形県にある。だが、標高が2236mと高い山なので、中腹の山形と秋田の県境上でも標高が1775mあり、秋田県の最高峰である駒ケ岳（1637m）より高いのである。

福井県も最高峰より標高の高い地点が存在する。最高峰は岐阜と福井の県境にそびえる両白山地《りょうはくさんち》の二ノ峰で、標高は1962m。しかし、すぐ北に続く三ノ峰は標高が2128mある。だが、山頂が岐阜と石川の県境にあり、福井県境から数百メートル北にそれているため最高峰は二ノ峰になる。福井県の最高地点は二ノ峰の山頂より高い三ノ峰の中腹にあり、標高は2095m。**最高峰より最高地点のほうが高いという、全国でも珍しいケースである。**

❼噴火記録がないのに活火山

日本列島は環太平洋火山帯（環太平洋造山帯）の中にあるため、世界一の火山大国として知られている。日本の国土面積は世界の0・25%を占めるにすぎないが、その狭い国土に、全世界の1割近くの火山があるのだから、日本が火山大国といわれるのもうなずけるだろう。地下深くにあるマグマが、地殻の裂け目から地表に噴出して形成された山が火山である。

火山は爆発によって大きな災害を引き起こす。過去には火山噴火による火砕流で1つの集落を住民ともどもも埋没させてしまった例があるし、伊豆諸島の鳥島では、火山爆発で島民全員が溶岩流に呑みこまれて死亡する事故も発生している。最近では、2014年9月に木曽の御嶽山《おんたけさん》が突然噴火し、多くの人命が奪われるという事故があったばかりだ。だが、一方で火山からは恩恵も受けている。火山は美しい風景を演出するばかりではなく、各所に温泉を湧出させ、観光や保養に役立っている。なだらかな山の斜面は、スキーやゴルフなどのレジャー基地になっており、農業にも活用されている。最近では地熱発電にも利用されているのである。

「活火山」の定義が変わった

かつては火山を「活火山」「休火山」「死火山」の3種類に分類していた。現在も活動している火山が活火山で、過去に噴火の記録はあるが現在は活動していない火山を休火山、有史以来、噴火の記録がない火山を死火山として分類していた。

しかし、死火山に分類されていた北海道の雌阿寒岳《めあかんだけ》が、1954（昭和29）年に噴気活動をはじめ、1979（昭和54）年には死火山だった御嶽山が、有史以来の噴火を記録して世間を驚かせた。数十万年という火山の寿命に比べれば、人類の「有史」はほんの一瞬にすぎず、この分類法は無意味であるとして、現在は死火山、休火山という用語は使われなくなった。そして、活火山の定義も改められた。

活火山に対する考え方は、1950年代から世界的に見直されつつあったが、火山噴火予知連絡会では1975（昭和50）年、「噴火の記録がある火山、および現在活発な噴気活動のある火山」を活火山と定義し、77の火山を活火山とした。

さらに1991（平成3）年には、活火山の定義を「過去およそ2000年以内に噴火した火山、および現在活発な噴気活動のある火山」に改めた。これによって活火山は77から83に増え、1996（平成8）年に3火山が追加されて86になった。

だが、数千年もの間噴気活動のなかった火山が、噴気活動をはじめた事例もあることから「過去2000年」では不十分だとし、2003（平成15）年から活火山の定義を**「おおむね過去1万年以内」**と改めた。これにより活火山の数は108に増え、2011（平成23）年に2火山が追加されて110になった。

監視が必要な47の活火山

活火山は時として、その地域に大きな被害をもたらす。そのためにも、火山爆発を事前に察知し、被害を最小限に食い止めなければならない。火山噴火予知連絡会では、今後**100年ほどの間に噴火の可能性があると思われる47の活火山を、「火山防災のために監視・観測体制の充実等が必要な火山」と指定**した（**図13**）。気象庁では、これらの火山に地震計や傾斜計、空振計、GPS観測装置、望遠カメラ等の観測施設を整備。噴火の前兆をいち早くキャッチするため、火山活動を24時間体制で常時観測・監視して災害を未然に防ぐ体制を取っている（近く、常時観測対象火山を3つ増やして50にする）。

このように万全の体制を整えていたはずだが、残念ながら御嶽山の火山噴火を予知することができなかった。火山の噴火には、マグマが直接噴出する「マグマ爆発」と、地表近くにある地下水がマグマに熱せられて噴出する「水蒸気爆発」がある。マグマ爆発はある程度の予知は可能だが、水蒸気爆発は予兆をつかむことが非常に難しいという。御嶽山の噴火は後者だった。そのため、噴出する寸前まで火山爆発を察知することができず、死者57名、行方不明者6名という大きな被害を出すことになってしまった。

■図13　火山防災のために監視・観測体制の充実等が必要な火山（47火山）

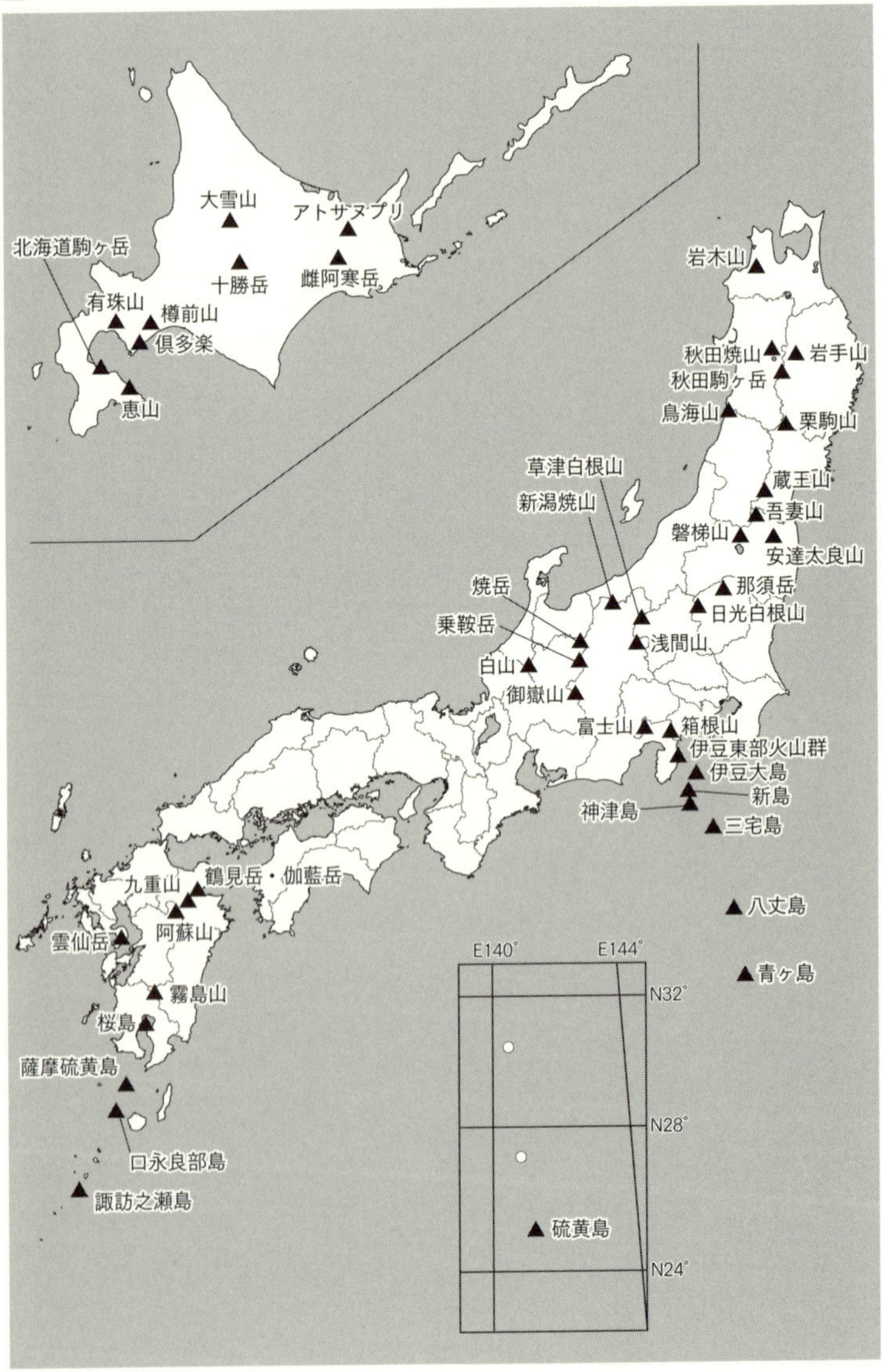

⑧火山は標高の高い山ばかりとは限らない

山には火山と非火山がある。火山には独立峰が多く、山容が美しいのが特徴である。標高も比較的高い。「〇〇富士」と称される山で、標高の高い山はほとんどが火山だと思って間違いない。**「日本三名山」の富士山、立山、白山もすべて火山**である。山容の美しい独立峰は山岳信仰の対象になりやすく、古くから多くの人に崇拝されてきた歴史がある。しかし、火山のすべてが高峰というわけでもない。小高い丘のような山でも火山である場合があるのだ。

100mそこその小さな山でも活火山

奈良盆地に、天香久山《あまのかぐやま》（152m）、耳成山《みみなしやま》（140m）、畝傍山《うねびやま》（199m）の3つの小高い山がそびえている。3つの山を合わせて「大和三山」といい、国の名勝にも指定される均整のとれた美しい山である。藤原京の中心に造営された藤原宮は、三山のほぼ中央に位置している。藤原宮を造営する際、大和三山の位置が決め手になったといわれる。それほど古くから神聖視されてきた山で、万葉集や古今和歌集などにも詠まれている。

三山とも200mにも満たない小さな山ながらも、耳成山は成層火山（コニーデ）、畝傍山もトロイデ型（溶岩円頂丘）のれっきとした火山なのである。天香久山だけが非火山だ。独立峰のように見えるが、多武峰《とうのみね》山系から延びた尾根が、長い年月をかけて浸食されて残った部分だという。

山陰地方にも驚くほど小さな火山がある。**笠山《かさやま》という標高112mの小さい山だが、じつは活火山**なのである。その笠山が、明治維新の舞台として知られる旧城下町の萩市（山口）にある。市街地の北部に、海岸から日本海に小さな半島が突き出しているが、その半島にある小高い山が笠山である。遠くから見ると緑に覆われた小島のようだが、それもそのはず、笠山は火山爆発によって本土とつながった陸繋島《りくけいとう》なのだ。小さな山だが、直径30m、深さ30mの噴火口もある。有史以来、噴火記録はないが、いつ噴火するかもしれない阿武火山群に属する活火山である。山頂は萩市街や周囲の島々が眺められる絶好の展望地で、笠山と本土をつなぐくびれた部分には、嫁泣《よめなき》港という珍しい名前の漁港がある。

標高ゼロメートル以下の活火山がある

火山は陸地だけにあるとは限らない。海底にも火山があり活発に活動している。周囲の海底との比高が1000m以上のものを「海山《かいざん》」、1000m未満のものを「海丘《かいきゅう》」というが、海山はすべて海底火山だといわれている。海底火山は水圧のため、陸地にある火山に比べれば噴火の規模は小さいが、かといって油断もできない。たまたま付近を通りかかった船舶が、火山爆発の被害に巻き込まれたこともある。1952（昭和27）年には、伊豆諸島南のベヨネース列岩の東にある海底火山の明神礁《みょうじんしょう》という海底火山の噴火を観測中の第五海洋丸が噴火に巻き込まれ、31名が殉職する事故が発生した。

また、海底火山の噴火で新しい陸地が出現することもある。最近では、2013年11月に噴火した小笠原諸島の西之島がある。西之島は1973（昭和48）年の噴火で新しい島を誕生させ、西之島新島と命名されたが、その後の噴火活動で西之島につながって1つの島になった。2013年11月にも、西之島の火山噴火で新しい島を出現させ、世間を驚かせた。噴火活動はその後も続き、翌月には西之島とつながって新島はまたもや消滅。だが、噴火前は長さ760m、幅600mの大きさだった西之島が、現在では長さ1950m、幅1800mと、噴火前の約6倍の大きさになっている（2015年2月現在）。西之島はさらに成長し、現在よりはるかに大きな島になる可能性を秘めている。国土面積がそれだけ広くなったわけだから、喜ぶべきことなのかもしれない。

⑨島国日本、世界から見れば本州も北海道も1つの島

周囲を太平洋と日本海、オホーツク海、東シナ海という4つの海に囲まれた日本は、国土そのものが島である。周りを水域に囲まれた、大陸より小さな陸地を「島」といっている。地球上にはユーラシア大陸、北アメリカ大陸、南アメリカ大陸、アフリカ大陸、オーストラリア大陸、南極大陸の6つの大陸があり、そのなかでもっとも小さいオーストラリア大陸（761・9万㎢）より小さい陸地が島になる。

オーストラリア大陸は日本の総面積の約20倍、本州の約33倍の大きさがある。世界の島でもっとも大きいのは北大西洋にあるデンマーク領のグリーンランド（217・6万㎢）で、オーストラリア大陸の約3・5分の1。ちなみに、本州の面積は22・8万㎢で、インドネシアのスマトラ島（47・4㎢）に次いで世界で7番目に大きな島である。

島の数は西高東低

日本では本州を島とはいわない。北海道、本州、四国、九州の四大島を「本土」と呼び、それより小さな陸地を島として扱っている。日本列島の周囲には無数の属島が点在してい

る。その数は、じつに６８５２島（海上保安庁情報部）。ただし、海上に浮かぶ周囲１００ｍ以上の陸地のみを島としてカウントし、湖に浮かぶ島や河川の中洲、および人工島は島とみなしていない。

全国47都道府県のうち、海に面していない８県に島はないわけだから、６８５２島を海に面した39都道府県で割ると、１県あたり平均１７５・７島あることになる。だが、実際に島の数は地域の格差がはなはだしく、１０００近くの島を有する府県がある一方で、海に面していながら島が１つもない府県もある。島の数は圧倒的に西日本のほうが多い。全体の70％近くの島が西日本にある。

都道府県別に見ると、**日本一島数が多いのは長崎県**で、その数は全部で９７１島にも上

■表10　47都道府県の島数

順位	都道府県	島数
1	長崎	971
2	鹿児島	605
3	北海道	508
4	島根	369
5	沖縄	363
6	東京	330
7	宮城	311
8	岩手	286
9	愛媛	270
10	和歌山	253
11	山口	249
12	三重	233
13	宮崎	179
14	熊本	178
15	高知	159
16	広島	142
17	青森	114
18	香川	112
19	石川	110
19	兵庫	110
21	大分	109
22	静岡	106
23	千葉	95
24	新潟	92
25	徳島	88
26	岡山	87
27	福岡	62
28	福井	58
29	佐賀	55
30	京都	49
31	秋田	47
32	愛知	41
33	鳥取	35
34	山形	29
35	神奈川	27
36	福島	13
37	茨城	7
38	富山	3
39	大阪	0
40	栃木	0
41	群馬	0
42	埼玉	0
43	山梨	0
44	長野	0
45	岐阜	0
46	滋賀	0
47	奈良	0
	全国	6852

（海上保安庁情報部）
＊島根、岡山、広島、山口、徳島、香川、愛媛、高知の8県には、2県にまたがっている島がある。

る。長崎県は日本の総面積の約1%、そこに全国の約7分の1の島があるのだ。第2位は鹿児島県で605島、以下、北海道(508)、島根(369)、沖縄(363)、東京(330)と続く。長崎、鹿児島、沖縄の3県は島しょ(大小さまざまな島)県で、北海道は北方領土の島が順位を上げている。島根県は隠岐、東京は伊豆七島と小笠原諸島などの島である。

東京は本土側に島は1つもなく、すべて人工島である。全国で唯一、海に面している府県で島がないのは大阪府である。なお、全国にあるすべての島を1つにまとめると、四国本土の面積に匹敵する大きさになる。

島の94%は無人島

全国の島の大部分は無人島である。人が居住している島、すなわち**有人島はわずか418島で、全体の約6%**にすぎない(2010年国土交通省資料)。

早くから人々が住みつき、かつては本土より人口密度が高い島も少なくなかった。古代律令制の行政区分を見てもわかるように、東北地方があれだけ広大な面積を有していながら陸奥と出羽の2国しかなかったのに対し、対馬や壱岐、隠岐などは、東北地方とは比較にならないほど小さな島ながらも、1つの国を形成していた。いかに早くから文化が開けていたかがわかるだろう。

しかし、多くの島では今、過疎化で悩んでいる。道路交通が未発達で海の航路が主要な移動手段だったころは、周囲を海に囲まれている島は気候が温暖で水産資源も豊富。山間部より居住地としてすぐれていた。だが、本土は鉄道や道路が整備され、開発が進むのに対し、島は次第に開発から取り残されていった。島の魅力は薄れ、やがて都市への人口移動が加速した。

特に昭和30年代に入ると、本土の過疎化よりはるかに早いペースで島の過疎化が進んだ。離島航路の利用者数は減少し、それにともない航路の減便あるいは廃止に追い込まれ、運賃値上げなどの悪循環がはじまった。離島を救済するために、２０１３（平成25）年、現在の離島振興法が施行された。

排他的経済水域や海洋資源など、わが国にとって重要な役割を担っている離島をこのまま放置していいはずがない。離島振興法は離島の産業基盤を強化し、生活環境を改善するなどして離島の振興を図るのが目的である。このほか、沖縄振興特別措置法や奄美群島振興開発特別措置法、小笠原諸島振興開発特別措置法があり、全体の70％以上の離島で、これらの法律が適用されている。

離島の過疎化は、本土の山間地域よりさらに深刻である。医師がいない離島は全体の約40％を占め、70％以上の離島では介護保険施設も整備されていない。また小中学校や高校の廃校も相次いでいる。

⑩日本最大の無人島と有人島

無人島といっても、名前もついていない小さな岩礁もあれば、誰も人の住んでいないのが不思議なくらい大きな無人島もある。外国では九州より大きな無人島がある。

日本には、かつては多くの島民が住んでいたが、その後に無人化してしまった島がたくさんある。たとえば、長崎県の端島《はしま》（軍艦島）は石炭産業の最盛期には5000人以上の人が住んでいたが、炭鉱の閉山で無人島になった。「九州・山口の近代化産業遺産群」の1つとして、世界遺産暫定リストに記載されている島だ。

日本最大の無人島は火山島

また、伊豆諸島の八丈小島のように、過疎化の進行によって生活の維持が困難になって無人島になった例も少なくない。伊豆諸島の鳥島や沖縄の硫黄鳥島《いおうどり》などのように、火山噴火による被害、あるいはその危険を回避するため無人島になったものもある。尖閣《せんかく》諸島の魚釣島《うおつり》は、かつては漁業を営む多くの島民が住んでいたが、生活することが困難になったため無人島になった。しかし、その周辺の海域に豊富な海底資源のあることがわかると、中国および台湾が領有権を主張するようになり、国際紛争に発展している。

太平洋戦争の激戦地（硫黄島の戦い）として知られる小笠原諸島の南にある硫黄島は、面積が23・7㎢もある大きな島だが、島民がそこで生活しているわけではないので実質的には無人島といえる。だが、現在は海上自衛隊と航空自衛隊の基地が置かれているため、無人島とみなされてはいない。

正真正銘の無人島としては、北海道渡島《おしま》半島の南西沖に浮かぶ**渡島大島が、日本一大きな無人島**である。島の中央に江良岳《えらだけ》（737ｍ）がそびえる火山島で、面積は9・73㎢。東京の台東区とほぼ同じ大きさで、近海で操業する漁船のための漁港が建設される計画がある。

有人島では、ロシアが実効支配している北方領土の択捉島《えとろふ》が日本最大の島で、面積は3183㎢。神奈川県の約1・3倍もの大きさがある。第2位も北方領土の国後島《くなしり》（1499㎢）だ。以下、沖縄島（1208㎢）、佐渡島（855㎢）、奄美大島（712㎢）、対馬（696㎢）、淡路島（592㎢）と続く。100㎢以上の島は全部で25島あるが、そのうち淡路島、天草下島、天草上島、平戸島、屋代島の5島は、橋で本土とつながっているので純粋な島とはいえないかもしれない。

■表11　日本の島（100㎢以上の島）

順位	島名	面積（㎢）	所在地
1	択捉島	3183	北海道
2	国後島	1499	北海道
3	沖縄島	1208	沖縄
4	佐渡島	855	新潟
5	奄美大島	712	鹿児島
6	対馬	696	長崎
7	淡路島*	592	兵庫
8	天草下島*	574	熊本
9	屋久島	504	鹿児島
10	種子島	445	鹿児島
11	福江島	326	長崎
12	西表島	289	沖縄
13	色丹島	250	北海道
14	徳之島	248	鹿児島
15	島後	242	島根
16	天草上島*	225	熊本
17	石垣島	223	沖縄
18	利尻島	182	北海道
19	中通島	168	長崎
20	平戸島*	164	長崎
21	宮古島	159	沖縄
22	小豆島	153	香川
23	奥尻島	143	北海道
24	壱岐	134	長崎
25	屋代島*	128	山口

（*印は橋で本土とつながっている島）
（国土地理院〈平成22年全国都道府県市町村別面積調〉）

日本一小さい島はどこか

では、日本でいちばん小さな島はどこだろう。周囲１００m以上の陸地を島としているが、この程度の大きさの岩礁には名前がつけられていないことが多い。そのため、日本一小さい島を特定するのは困難だと思われがちだ。しかし、周囲が１００mどころか、これよりはるかに小さな岩礁なのに名前がついている島がある。しかも、世界的にも知られた島なのである。

その島とは、**日本最南端の沖ノ鳥島**だ。沖ノ鳥島は東西４・５㎞、南北０・９～１・７㎞のサンゴ礁の島で、面積は７・８㎢あるものの、満潮時にはサンゴ礁のほとんどが海面下に没する。陸地として認められているのは、満潮時でも海面から頭を出している北小島と東小島という小さな岩礁だけ。北小島の面積は７・８６㎡と４畳半ほどの大きさである。東小島はそれよりも小さく、面積１・５８㎡と畳一畳分にも満たない。それなのに、地図には島として記載されている。

満潮時に周囲が１００ｍ以上ある陸地を「島」と定義すると、沖ノ鳥島は島とはいえないが、２００海里排他的経済水域では欠かせない存在になっているので、海上保安庁海洋情報部では沖ノ鳥島も１つの島としてカウントしている。国連海洋法条約でも、沖ノ鳥島を正式な島として認めている。

有人島で日本一小さな島は、長崎県五島市にある蕨《わらび》小島《こじま》で、面積はわずか０・０３㎢と野球のグランドほどの広さしかない。そこには10人前後の人が住んでいる。絶海の孤島だというわけではなく、五島列島の久賀島から２００ｍほどの距離なので、生活上の支障は特にないようだ。

⑪島の数に入っていない人工島&湖上に浮かぶ島

日本にある6852の島には、人工島や湖上に浮かぶ島はカウントされていない。しかし、人工島は相当な数に上り、大都市の臨海部はそれこそ人工島だらけである。

東京の平和島や昭和島、夢の島、月島など、島名のつく人工島もあるが、多くの人工島は名前がつけられていない。ほとんどが陸地と一体化しているため、それが人工島なのか単なる埋立地なのか区別のつかないものが少なくない。人工島は橋などで陸地とつながっているが、有明海に浮かぶ初島や三池島のように、陸地から遠く離れた正真正銘の人工島もある。

これからも誕生するか海上空港と海上都市

人工島の多くは工業用地として造成されてきたが、近年は海上空港の建設用地としても注目されている。海上に人工島を造成しそこに空港を建設するため、多額の建設費がかかってても騒音による被害がない。万が一航空機事故が発生しても、人的被害が小さいなどのメリットがある。

一方、海上空港は強風の影響を受けやすく、海鳥の被害に見舞われることもある。漁業などに与える影響も大きい。そのため、海上空港の建設には賛否両論がある。それでも、現在わが国では5カ所の海上空港が誕生している。

最初の海上空港は1975（昭和50）年、長崎県の大村湾上に建設された長崎空港で、世界初の海上空港として注目された。だが、この空港は箕島《みのしま》という島民が住んでいた島を切り崩して建設したものだ。

100%埋立てによる海上空港としては、1994（平成6）年に大阪湾の泉州沖に建設された**関西国際空港が最初**である。2005（平成17）年には、愛知県の常滑《とこなめ》市沖に中部国際空港が開港した。さらに翌年、神戸市のポートアイランド沖に神戸空港が、周防灘《すおうなだ》に北九州空港が開港して全部で海上空港は5カ所になった。羽田空港も実質的には海上空港といえるだろう。海上空港で鉄道のアクセスがあるのは、関西国際空港と中部国際空港、神戸空港、羽田空港の4空港である。

関西国際空港や中部国際空港が海上空港なら、神戸市沖に誕生した「ポートアイランド」や「六甲アイランド」は海上都市といえるだろう。ポートアイランドは15年の歳月をかけて1981（昭和56）年に建設された人工島で、世界初の海上都市として話題になった。完成を記念して開催されたポートアイランド博覧会（ポートピア'81）は、入場者数

1600万人を記録し、地方博の火つけ役にもなった。ポートアイランドには小学校から大学までの文化施設が揃っているばかりではなく、医療施設や公園など、都市のあらゆる機能を備えている。1988（昭和63）年には六甲アイランドも完成した。

東京には「お台場」という、さらに巨大な海上都市がある。これからは、海上空港とともに、各地に海上都市が出現するかもしれない。

湖上に浮かぶ島にも人が住む

湖上に浮かぶ島は、海上保安庁海洋情報部では島として扱っていないが、周囲を水に囲まれている陸地なので、れっきとした島だろう。わが国は国土が狭いので、どの湖も小さく、そこに浮かぶ島はさらに小さい。とはいっても、北海道の屈斜路湖《くっしゃろこ》に浮かぶ中島の面積は5・7㎢と、埼玉県の蕨市とほぼ同じ大きさ、洞爺湖《とうやこ》の中島は4・9㎢もある。どちらも無人島である。

だが、湖上に浮かぶ島で人が住んでいるところもある。山陰の島根県と鳥取県の境界に横たわる全国で5番目に大きい中海に、大根島《だいこんじま》、江島《えしま》という2つの有人島が浮かんでいる。大根島の面積は5・1㎢、江島は1・2㎢。両島合わせて4000人あまりの島民が住んでいる。現在は松江市の一部だが、平成の大合併前までは八束町《やつかちょう》という1つの自治体を形成していた。島とはいっても、両島は橋で本土とつながっている。

湖上に浮かぶ孤島で、全国で唯一の有人島が琵琶湖にある沖島だ。近江八幡市から1・5㎞ほどの沖合に浮かぶ面積1・5㎢ほどの島で、小さいながらも350人あまりの島民が住んでいる。島民のほとんどは漁業に従事しているが、源氏の落人《おちゅうど》が住みついたと伝わる、歴史ある島である。

また、琵琶湖の北部に浮かぶ竹生島《ちくぶしま》には、西国三十三カ所の宝厳寺《ほうごんじ》や竹生島神社、それに土産物店などがある。けれど、寺社関係および土産店の従業員などは全員島外から通っているため有人島とはいえない。

⓬湖の種類と定義

湖沼にはさまざまな分類法があるが、成因によって分けると自然湖と人造湖（人工湖）に大別できる。

自然湖には火山活動によって生じた窪地に水が溜まったカルデラ湖、火口に水が溜まった火口湖、火山爆発による溶岩流などによって河川が堰《せ》き止められてできた堰止湖、断層の窪地に水が溜まった断層湖、陸地の隆起あるいは海面の低下によってできた海跡湖《かいせきこ》、砂州によって海と分断された潟湖、河川の一部が切り離された河跡湖《かせきこ》（三日月湖）などがある。

日本最大の湖は断層湖、日本最深の湖はカルデラ湖

日本一大きい湖の琵琶湖が断層湖だということは、あまり知られていないようだ。琵琶湖は世界でも特に古い湖の1つで、地殻変動によって生じた窪地に水が溜まったものである。最大水深は103・8mと比較的深い。断層湖は琵琶湖のほか、猪苗代湖、諏訪湖、仁科三湖（青木湖、中綱湖、木崎湖）などそれほど多くはない。

水深の深い湖は、圧倒的にカルデラ湖に多い。日本一深い湖として知られる田沢湖（423・4m）をはじめ、支笏湖《しこつこ》（360・1m）、十和田湖（326・8m）、池田湖（233・0m）、摩周湖《ましゅうこ》（211・4m）、洞爺湖（179・7m）など、水深が100m以上ある湖のほとんどはカルデラ湖である。水深が100m以上あるのにカルデラ湖でないのは、堰止湖の中禅寺湖（163・0m）と本栖湖《もとすこ》（121・6m）くらいのものである。

面積が10㎢以上ある自然湖は全部で27湖ある。いちばん多いのは海跡湖で、27湖のうち14湖がそれである。海跡湖は水深が浅いのが特徴である。

海跡湖にも淡水湖がある

海跡湖のほとんどは海際にあるが、**北海道の塘路湖《とうろこ》のように海岸線から30㎞も内陸に入りこんでいるものもある。**霞ヶ浦も海岸線から10㎞ほど離れている。海跡湖はかつて海だったところなので、湖水に塩分を含んでいるのが普通だが、長い年月の間に淡水湖になっ

■表12　日本の自然湖（10㎢以上）

順位	湖名	面積	成因	所在地
1	琵琶湖	670.3	断層湖	滋賀
2	霞ヶ浦	167.6	海跡湖	茨城
3	サロマ湖	151.8	海跡湖	北海道
4	猪苗代湖	103.3	断層湖	福島
5	中海	86.2	海跡湖	島根、鳥取
6	屈斜路湖	79.6	カルデラ湖	北海道
7	宍道湖	79.1	海跡湖	島根
8	支笏湖	78.4	カルデラ湖	北海道
9	洞爺湖	70.7	カルデラ湖	北海道
10	浜名湖	65.0	海跡湖	静岡
11	小川原湖	62.2	海跡湖	青森
12	十和田湖	61.0	カルデラ湖	青森、秋田
13	能取湖	58.4	海跡湖	北海道
14	風蓮湖	57.7	海跡湖	北海道
15	北浦	35.2	海跡湖	茨城
16	網走湖	32.3	海跡湖	北海道
17	厚岸湖	32.3	海跡湖	北海道
18	八郎潟調整池	27.7	海跡湖	秋田
19	田沢湖	25.8	カルデラ湖	秋田
20	摩周湖	19.2	カルデラ湖	北海道
21	十三湖	18.1	海跡湖	青森
22	クッチャロ湖	13.3	海跡湖	北海道
23	阿寒湖	13.3	カルデラ湖	北海道
24	諏訪湖	12.9	断層湖	長野
25	中禅寺湖	11.8	堰止湖	栃木
26	池田湖	10.9	カルデラ湖	鹿児島
27	檜原湖	10.7	堰止湖	福島

たケースも少なくない。

霞ヶ浦もその1つで、かつては海水と淡水の出入りがある汽水湖《きすいこ》だった。だが治水と塩害を防ぐために、利根川と霞ヶ浦の合流点に建設された常陸川水門により急速に淡水化が進み、現在では霞ヶ浦の東側にある北浦とともに淡水湖になっている。

霞ヶ浦や北浦のほかにも、海跡湖なのに現在は淡水湖になっている湖が、北海道北部にあるクッチャロ湖、釧路湿原にある塘路湖、秋田県の八郎潟調整池、若狭湾岸にある三方《みかた》湖《こ》などいくつもある。人工的に淡水化されたものもあるが、自然的な要因で淡水になった湖もある。

海水湖が淡水湖になったケースがある一方、淡水湖が海水湖（汽水湖）になった例もある。浜名湖がそれである。かつては淡水湖だったが、1498（明応7）年の大地震（明応地震）による津波で、今切付近の砂州が決壊して太平洋の海水が入り混じる汽水湖になったのである。

日本一多い湖は人造湖

日本の湖で圧倒的に多いのは人造湖だ。その数は自然湖の比ではない。人造湖というとダム湖というイメージが強いが、灌漑《かんがい》用の溜め池も人造湖の一種といえる。それらをすべて湖とみなすとその数は何十万にも上る。

ダム湖はすでに戦前から建設されていたが、本格的にダム湖が造られはじめたのは、日本が高度成長期に入った１９６０年代になってからのことである。だが、日本最大の人造湖は戦前に建設されている。北海道の雨竜川上流に建設された朱鞠内湖《しゅまりないこ》がそれで、面積23・7㎢と富士五湖の１つ、山中湖の約３・５倍もの大きさがある。

その次に大きいのが、揖斐川《いびがわ》の上流に建設された徳山湖で、２００８（平成20）年に完成。面積は13・０㎢と朱鞠内湖にはおよばないが、貯水容量は日本最大。建設に際し、徳山村の全村を水没させてしまうことから注目を集め、激しい論争が繰り広げられたのは記憶に新しい。それに、只見川《ただみがわ》上流の奥只見湖（11・５㎢）と岡山県の児島湖（10・９㎢）、以上の４湖が面積10㎢以上の人造湖である。

灌漑用の溜め池を別にすれば、人造湖のほとんどはダム湖である。ダムが建設されるたびに新しい湖が生まれる。だが、児島湖は干拓した農地の用水確保のため、児島湾を締め切って築造された灌漑用の人造湖である。

⑬湖より大きい池、湖より深い沼がある

周囲を陸地に囲まれ、海と直接つながっていない水域を「湖」というが、大きさや水深などの違いから「沼」や「池」もある。これらをひとくくりにして「湖沼」という。このほか、海（中海、阿蘇海）、浦（霞ヶ浦、北浦）、潟（河北潟、一ノ目潟）、渕（油ヶ淵）、釜（御釜）などと呼ぶ湖もあるが、これらはごく少数派で、ほとんどは湖と沼、池の3種類である。北海道にはアイヌ語の地名が多い影響もあって、オンネトー、ペンケトーというように、カタカナ表記の湖名がある。「トー」はアイヌ語で「沼」を表わす。

水深75mの沼と水深1・5mの湖

ところで「湖」と「沼」と「池」は、どこがどう違うのか。一般的には、湖は沼や池より大きく、沿岸植物が侵入してこないほどの深さ（5m以上）がある水塊《すいかい》をいい、湖より水深が浅く、沈水植物が水底に繁茂している水塊を沼という。

湖や沼より小さく、人工的に造ったものが池である。もっとわかりやすくいえば、「**深いものが湖、浅いものが沼、小さいものが池**」といえる。しかし、湖沼の大きさや水深な

どに明確な定義があるわけではなく、表現も曖昧なため、湖より大きい池があったり、湖より深い沼があったりと、じつに紛らわしい。

群馬県片品村《かたしなむら》にある菅沼《すげぬま》は、面積は1㎢にも満たない小さな湖だが、水深が75mもある。すぐ西側にある丸沼の水深も47mと深い。深さから見れば、両湖とも沼のイメージとは程遠い。一般的な定義からすれば菅沼、丸沼ではなく、菅湖、丸湖というべきだろう。このほかにも、水深が30m以上の沼はいくらでもある。

一方、水深が驚くほど浅い湖もある。北海道の苫小牧市にある鳥獣保護区として知られるウトナイ湖や、青森県の津軽半島にあるシジミの名産地として名高い十三湖は、水深がわずか1・5〜3mしかないが、堂々と「湖」を名乗っている。

また、池というと公園などに人工的に造られたものや、農地に造られた灌漑用のものを思い浮かべる人もいるだろうが、鳥取県にある湖山池《こやまいけ》はスケールが違う。湖山池は沿岸から運ばれてきた土砂が堆積して海と切り離された海跡湖で、面積が7㎢もあり、箱根の芦ノ湖や富士五湖の山中湖よりも大きい。それでも「池」である。どう見ても、湖沼の一般的な定義から大きくずれているが、このような例はいくらでもある。「市」より人口が多い「村」があるようなものである。

湖なのに沼、湖なのに湾

福島県を流れる只見川の中流域に、「沼沢湖」という、周囲を緑に包まれた神秘的な美しい湖がある。面積3・1㎢の小さな湖だが、水深が96ｍもあるカルデラ湖である。ところが、かつては「沼沢沼」という名称だった。

なぜカルデラ湖なのに、「沼」という名称だったのか不可解である。湖より沼と呼んだほうがふさわしいたたずまいだったのか、それとも近くを只見川が流れているので、カルデラ湖だと思われていなかったのか。沼沢沼という名前がつけられた理由は定かでないが、1968（昭和43）年、湖名を「沼沢沼」から「沼沢湖」に変更された。

京都府の丹後地方には、ますます紛らわしい名称の湖がある。山陰海岸国立公園の一角にある景勝地の「久美浜湾」である。どうみても湖だが「湾」という名称がついている。というのも、かつては陸地の奥深くまで入りこんでいた湾だったのである。湾口に小天橋《しょうてんきょう》という天橋立を思わせる砂州が形成されて湾が塞がれ、日本海と切り離されてしまったのだ。だが、水路で日本海とつながっているので海水が入り混じり、魚類が豊富である。面積は7・2㎢あり、湾奥に久美浜町の市街地が開けている。カキの養殖が盛んな湖である。本来であれば、湖が形成された時点で久美浜湖と改称すべきだろうが、漁業の町としては「湾」のほうがイメージ的によかったのかもしれない。

⑭東京23区にも自然湖がある

日本は地形が複雑で変化に富んでいるので、全国のいたるところに湖が点在している。琵琶湖のように、海と見間違えるほど大きな湖もあれば、どうみても溜め池としか思えない小さなものもある。全国には面積が１㎢以上の自然湖だけでも１００以上はある。１㎢とはいっても、東京ディズニーランドと東京ディズニーシーを合わせた大きさに匹敵する。１㎢未満の湖は調査資料がないので不明だが、面積を問わなければ自然湖だけでも何千とあるだろう。

不忍池も自然湖だった

意外と知られていないが、東京23区内にも自然湖がある。もっとも、湖というにはやや無理があるかもしれない。**上野公園内にある不忍池《しのばずのいけ》は人工的に造られた池ではなく、じつは古くから存在する自然の池（湖）である。**湖と池を区別する定義が曖昧である以上、不忍池を湖とみなしても間違いとはいいきれない。

太古の時代、上野公園の一帯は東京湾だった。その後、海水面の低下にともなって海岸線が前進し、さらに土砂の堆積で入江になっていた不忍池のあたりが取り残されたものとみられている。現在は周囲2㎞ほどの小さな池にすぎないが、かつては今よりはるかに大きかった。

明治の中頃に競馬場を建設するため埋立てられ、今のように小さな池になってしまった。戦後には、不忍池を埋立てて野球場を建設する計画が持ち上がったこともある。江戸時代、不忍池は日本一大きい琵琶湖にたとえられていたのを御存知だろうか。不忍池の北側に寛《かん》永《えい》寺《じ》という徳川将軍家の菩提寺があるが、この寺の山号を東叡山《とうえいざん》という。これは琵琶湖の西側にある延暦寺の山号の比叡山（叡山）に倣《なら》ってつけられたもので、東叡山寛永寺は「東の叡山」を意味している。

そもそも、寛永寺は1625（寛永2）年、天海僧正《そうじょう》が江戸城鎮護のため、江戸城の鬼門にあたる不忍池の北側に建立したものだ。不忍池を琵琶湖に見立て、琵琶湖上の竹生島に弁天堂があるように、不忍池に弁天島を築造して弁財天を祀った。弁天島も当初は池の中に浮かぶ小島で、船を使わなければ渡れなかったが、1672（寛文12）年に橋が架けられて陸続きになった。現在は池の中に堤が築かれ、蓮池とボート池、鵜の池の3つに分けられている。

神田上水の水源地になっている三鷹市にある井の頭池（井の頭公園）や、日蓮聖人が足を洗ったとの言い伝えがある大田区の洗足池《せんぞく》も、湧水池、すなわち自然湖である。

昭和になって誕生した自然湖がある

自然湖は必ずしも、昔から存在しているものばかりとは限らない。ごく最近になって生まれた自然湖もある。

景勝地として有名な北アルプスの上高地に、「大正池」という美しい池がある。これは1915（大正4）年に、焼岳《やけだけ》の噴火による噴出物で梓川が堰き止められて誕生したもので、当時の年号から取って「大正池」と命名された。大正池から、さらに5㎞ほど上流にある明神池も、明神岳の崩落による土砂で梓川の支流が堰き止められてできた池である。

神奈川県の秦野《はだの》市には、震生湖《しんせいこ》という面積が0・13㎢ほどの小さな湖がある。1923（大正12）年に起こった関東大震災で、付近の丘陵が崩れ落ちて沢を堰き止めてできたもので、地震によって生まれた湖であることから「震生湖」と名づけられた。

これらよりも、さらに新しい自然湖がある。木曽の御嶽山の南麓に「自然湖」という湖がある。1984（昭和59）年の長野県西部地震で、御嶽山の南麓を村域とする王滝村の各地では土砂崩れが発生した。そのなかでも特に規模の大きかったのが、俗にいう「御嶽崩れ」である。これによって、王滝川が堰き止められて湖ができた。だが、完全に堰き止められたわけではなく、王滝川の一部が太くなっただけのこと。水の流れはほとんどなく、湖のようなたたずまいをみせていることから「自然湖」と呼ばれている。水は絶えず入れ替わっており、神秘的な美しさを漂わせている。

第三章
つい誰かに話したくなる日本の自然と気候

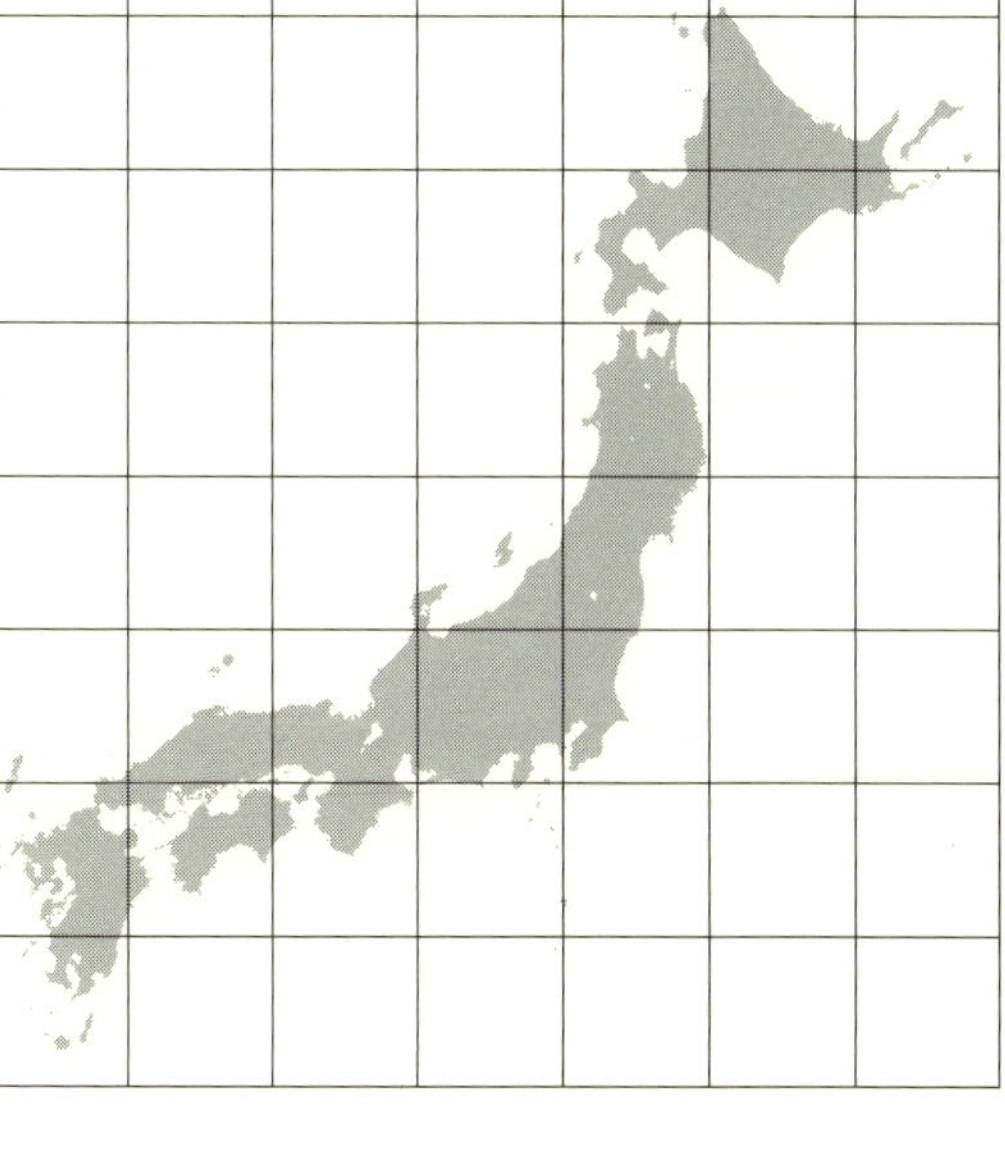

❶日本最高気温記録はこれからも更新されるのか

日常生活で、気になることの1つに毎日の天気がある。日本は南北に細長く、地形が変化に富んでいるので、地域によって天気には大きな違いが見られる。特に地域ごとの気温差は著しい。当然のことながら、北の地域より南の地域のほうが気温は高い。

だが、これはあくまでも平均的なものであって、最高気温となるとこれには当てはまらない。日によっては、九州より北海道のほうが気温の高いこともある。過去には、同じ地域で最高気温と最低気温を同時に観測したという珍しい記録もある。

1996(平成8)年5月30日の午後2時、北海道の北見市で33・9℃を記録し、同じ北海道の襟裳岬で12・3℃を観測した。これは同日同時刻における、最高気温と最低気温の日本記録である。

74年ぶりに塗り替えられた最高気温記録だったが

地球温暖化の影響から、気温の上昇を実感することも多いだろう。特に、夏になると気温が気になる。10年ほど前まで、日本の最高気温は山形市で記録した40・8℃だった。山形市は北国であるにもかかわらず日本の最高気温を記録したのは、フェーン現象という異常気象によるものであった。フェーン現象は山地を越えた風が、反対側の山の斜面を乾燥した高温の風になって吹き降ろす現象で、盆地で特に発生しやすい。山形市も盆地に発達した都市で、半世紀以上もの間、この記録が破られることはなかった。

しかし、2007（平成19）年8月16日、岐阜県の多治見市と埼玉県の熊谷市で40・9℃を記録し、74年ぶりに記録が破られた。両都市とも盆地にあり、最高気温もフェーン現象によるものだった。多治見市と熊谷市は、「暑くて住み難い街」というマイナスイメージを逆手にとって、「日本一暑い街」をアピールして町興《おこ》しに生かしている。

ところが、2013（平成25）年8月12日には、高知県四万十市の江川崎地域気象観測所で41・0℃が観測され、日本記録もわずか6年であっさり塗り替えられた。

非公式ではこれを上回る最高気温記録がある。1923（大正12）年8月6日に**徳島県鳴門市で42・5℃**を、2004（平成16）年7月20日には**東京都足立区の江北で42・7℃を記録している。**

最高気温記録は札幌市より那覇市のほうが低い

一般的に気温は、夏は緯度の低い地域ほど暑く、冬は緯度の高い地域ほど寒い。しかし、これは平均気温についていえることで、最高気温記録となると少し事情が違ってくる。
たとえば、1年でもっとも暑い8月と、もっとも寒い1月の、北海道の札幌市と沖縄県の那覇市の気温を比較してみよう。8月の平均気温（1981〜2010年までの30年間の平均）は、札幌市は22・3℃であるのに対し、那覇市は28・7℃で、那覇市のほうが6・4℃も高い。1月の平均気温はというと、札幌市はマイナス3・6℃であるのに対し、那覇市は17・0℃。那覇市は札幌市より20・6℃も高いのである。

全国一平均気温が高いのは那覇市だが、このように、最高気温記録は北国の札幌市よりも低いのだ。**那覇市の最高気温記録は、2001（平成13）年に観測した35・6℃**。それに対し**札幌市では、1994（平成6）年に36・2℃を記録**している。

都道府県庁所在地では、那覇市が全国一最高気温記録が低いのである。沖縄は周囲を海に囲まれているので海風の影響を受けやすく、これが陸地の気温上昇を抑えているのである。それに沖縄は陸地が狭く、山地の標高も低いのでフェーン現象が起きることもない。これらの地形が、那覇市が夏でもそれほど気温が上がらない大きな理由になっている。沖縄は典型的な海洋性気候で、寒暖差が少ないのが特徴である。札幌市の最高気温と最低気温の気温差は64・7℃もあるが、那覇市のそれは29℃にすぎない。沖縄は夏涼しく、冬温かい。気候的には非常に過ごしやすい地域だといえる。

❷夏日と冬日はどっちが多いか

現在、世界でいちばん使われている気候区分は、ドイツの気象学者ケッペンによるものだが、それによると、日本は亜寒帯（冷帯）の北海道と亜熱帯の南西諸島を除く地域は温帯に属している。しかし、日本の国土は南北に細長いので、温暖湿潤な地域ばかりではなく寒冷地もある。

ところで、日本は1年を通じて夏日と冬日はどっちが多いだろうか。

夏日とは日最高気温が25℃以上の日をいい、冬日は日最低気温が0℃未満の日をいう。また、1日の最高気温が30℃以上の日を真夏日、1日の最高気温が0℃未満の日を真冬日といっている。2007（平成19）年からは、1日の最高気温が35℃以上の日を「猛暑日」という気象用語が登場した。

夏日と冬日の日数がほぼ同じ地域はどのあたり？

北海道や東北地方の北部は、夏日より冬日のほうが多い。ちなみに**札幌市は夏日が年間49・1日であるのに対し、冬日は124・8日**（1981～2010年の平均値）。1年の3分の1は冬日である。同じ北海道でも道東の釧路市になると夏日は5・5日、冬日は150・2日とさらに厳しくなる。北海道は圧倒的に寒い日が多いのである。

青森市でも夏日が60・0日に対し、冬日は106・2日。仙台市まで下がってきても夏日66日に対し、冬日は70・3日と、冬日が夏日を上回っている。宮城県と福島県の境界あたりが、夏日と冬日の日数がほぼ同じ地域だといえそうだ。もっとも、それより南に位置していても、長野市や岐阜県高山市などのような内陸都市は寒暖の差が大きく、夏日より冬日のほうがやや多い。

東京はというと圧倒的に夏日が多い。夏日が110日あるのに対し、冬日はわずか5・8日である。大阪市も夏日が139日に対し、冬日は6・8日にすぎない。沖縄の那覇市は1年の約3分の2にあたる207・4日が夏日なのに対し、冬日はまったくない。沖縄で氷点下になることは皆無である。また、最高気温が30℃以上の真夏日は、日数の差こそあれ、全国のほとんどの地域で観測されている。

最高気温が0℃未満という真冬日は、札幌市で45日、旭川市では76日あるが、関東以南の太平洋岸の地域で記録されることはほとんどない。同じ日本でも、地域によってこれだけ大きな違いがあるのだ。

急速に減少しつつある冬日、真冬日

地球温暖化が大きな社会問題としてクローズアップされているが、どれだけ温暖化が進んでいるのだろうか。データで比較してみるといかに深刻な状況であるかがわかる。

東京を例にとると、冬日はわずか5・8日だが（1981～2010年の平均値）、10年前の1971～2000年の平均値では10・2日あった。わずか10年の間に冬日が半分近くに減ったのである。さらに、東京の100年前の冬日（1881～1910年の平均値）は75・5日もあった。100年間に冬日が10分の1以下にまで激減してしまったのである。

冬日および真冬日が減少しているのは全国的な傾向で、東京だけの問題ではない。大阪市も冬日が10・1日から6・8日に、名古屋市は35・6日から28・5日に、福岡市も6・8日から4・3日というように、東京ほど顕著ではないが確実に気温は上昇している。

夏の気温も同様である。東京の真夏日は45・6日から48・5日へ、大阪市は67・9日から73・2日へ、名古屋市は57・6日から64・3日へとそれぞれ増加しているのだ。

地球温暖化がこのまま進めば、南極や北極の氷が溶けて水位が上昇し、世界の主要都市が水没してしまうといわれている。農作物の収穫にも大きく影響してくるし、熱帯性の疫病が蔓延する恐れもある。猛暑日がますます増えて、高齢者の死亡率も高くなるだろう。

いいことは何もないのだ。地球温暖化の元凶といわれているのが二酸化炭素（CO_2）の排出。これを何とかしなければ、地球温暖化の進行を食い止めることはできないだろう。

❸日本一暑い都市が、日照時間は日本一短いという不思議

温暖な地域は寒い地域に比べると、日照時間が長いと思っている人が少なくない。確かに北日本より南日本、日本海側より温暖な太平洋側のほうが、日照時間は長い傾向にある。日本海側の秋田市の1年間の日照時間は1526時間、新潟市は1642・5時間、金沢市1680・8時間、鳥取市1663・2時間。これに対し、太平洋側の静岡市は2099時間、浜松市2207・9時間、潮岬《しおのみさき》2201・2時間、高知市2154・2時間、宮崎市2116・1時間。このように、太平洋側の地域は軒並み2000時間を超えている。

日本一日照時間が短いのは南国の島

必ずしも寒い地域より温暖な地域が、日照時間が長いわけではない。奄美大島（奄美市）はどうだろう。沿岸を黒潮が流れており、冬でも温暖な地域である。**7月の平均気温は、**

奄美市が日本一高い。けれど、日照時間は1359・9時間と、気象官署が置かれている地点のなかでは日本一短い。

なぜ奄美大島は、これほど日照時間が短いのだろうか。島内にはソテツやビロウ、ガジュマルなどの亜熱帯植物が茂り、パイナップルやバナナ、パパイヤなども栽培される南国の島だ。まばゆいばかりの太陽が光り輝く光景を思い浮かべるかもしれないが、実は奄美大島は太陽にはあまり縁がない島なのである。

降水量が多い地域は日照時間が少ない傾向にあるが、必ずしもそれがすべての地域に当てはまるわけではない。たとえば、高知市は秋田市の約1・5倍の降水量があるが、日照時間は秋田市の約1・4倍長い。日本一の多雨地帯として知られる三重県尾鷲市の日照時間は、2000時間近くもある。もちろん、降水量も日照時間の長さに大きな影響を与えることは確かだが、それより雲の発生率が日照時間を左右するいちばんの要因である。

奄美大島では冬型の気圧配置になると、大陸から吹いてくる北西の季節風が東シナ海をわたる際に多量の水分を含んでやってくる。そのため、奄美大島は雲が立ち込める日が多く、雨もよく降る。だから、日照時間も短くなる。1月と2月の奄美大島の日照時間は、1日2時間程度と極端に短いのである。

盆地は日照時間が長い

日本の年間の平均降水量は1700㎜ほどだが、沿岸より内陸のほうが全般的に降水量は少ない。たとえば北海道の帯広市の年平均降水量は887・8㎜、旭川市は1042㎜、山形市1163㎜、長野市932・7㎜、甲府市1135・2㎜というように、全国平均よりかなり少ない。しかし、盆地にある岐阜県の高山市（1699・5㎜）や長野県の飯田市（1611・5㎜）などのように、全国平均よりは少ないものの、東京の年平均降水量（1528・8㎜）を上回る都市もある。

だが、内陸都市は日照時間が比較的長い。帯広市は厳寒の北海道にありながら、日照時間は2033・2時間と全国有数の長さだし、甲府市も2183時間と長い。盆地は周りを山で囲まれているため、どの方向から吹いてくる風も山々にさえぎられ、山の手前に雨や雪を降らせ、山を超えてきた風は乾燥した風となって吹き降ろされる。そのため晴天の日が多くなり、必然的に日照時間は長くなる。

全般的に**内陸は乾燥しやすいため降水量は少なく、日照時間は長くなる**傾向にあることだけは確かである。ただし、沿岸地域のように海風の影響で気温が緩和されることがないため、寒暖の差が大きくなる。日本最高気温、および日本最低気温を記録するのはすべて内陸の都市である。

❹都道府県庁所在地で降水量が日本一多い都市と少ない都市

日本の年間の降水量は世界平均の約2倍。日本は世界でも有数の多雨地帯である。降雨は梅雨期と台風シーズンに集中するため、毎年のように日本のどこかの地域が大きな被害に見舞われている。けれども、降水量には著しい地域差があり、多雨地帯といわれているのは、西南日本の太平洋沿岸地域および南西諸島、伊豆諸島などで、少雨地帯は北海道や東北地方の太平洋側、関東地方の北部、中央高地、瀬戸内海沿岸などである。

高知市は日照時間が長いのに降水量も多い

日照時間と降水量が反比例しているわけではないことは前項でも述べた。たとえば北海道の旭川市や稚内市のように、降水量は1000㎜ほどと全国有数の少雨地帯なのに、日照時間は1600時間にも満たない。

逆に、日照時間は長く降水量も多い地域もある。高知市がそうだ。高知市の日照時間は2154・2時間と全国でも有数の長さだが、降水量も2547・5㎜と都道府県庁所在地としては、全国一降水量が多い都市である。次いで宮崎市の2508・5㎜、金沢市の

2398・9㎜、富山市の2300・0㎜と続く。上位はいずれも多雨地帯といわれる地域の都市である。

都道府県庁所在地以外では、これをはるかに上回る降水量を観測している都市もある。**日本一の多雨地帯として知られているのが三重県の尾鷲市で、年平均降水量は3848・8㎜に達する。**気象官署が置かれている地点でいちばん降水量が少ない網走市（787・6㎜）の4・9倍にものぼる。なぜ尾鷲市ではこれほど多くの雨が降るのかというと、夏には南東の季節風が黒潮の流れる太平洋上を渡って吹いてくる。その際に太平洋上の水分を多量に補給する。その湿った風が尾鷲市の背後に横たわっている紀伊山地にぶつかり、上昇気流となって雨雲を発生させ、山地の手前に多量の雨を降らせるからである。高知市も尾鷲市の地形に似ており、背後に四国山地が横たわっているので降水量が多いのだ。

都道府県庁所在地で降水量がもっとも少ないのは、中央高地にある長野市で932・7㎜。降水量が1000㎜未満なのは唯一長野市だけである。

多雨月は少雨月の30倍以上の雨が降る

月ごとの降水量を見てみると、著しい差がある。たとえば、東京の9月の降水量は209・9㎜もあるが、12月の降水量は51・0㎜にすぎない。その差は4・1倍である。

熊本市の降水量はさらに顕著で、６月の４０４・９㎜と12月の53・６㎜との間には７・６倍の開きがある。前橋市はもっとすごい。９月の降水量は２２０・６㎜、しかし12月は23・１㎜しかない。その差はじつに９・５倍である。

月別の降水量でもっとも多いのは尾鷲市の９月（６９１・９㎜）、もっとも少ないのは北海道の釧路市と根室市の２月（22・６㎜）で、その差はじつに30・６倍もある。だが、尾鷲市では１９６８（昭和43）年の９月に、１日で８０６・０㎜の降水量を記録したこともある。網走市で１年間に降る雨（雪）の量を上回る雨が、尾鷲市ではたった１日で降ったのである。

❺雨の種類――弱い雨から猛烈な雨まで

ひと口に雨といっても、わずかな雨から、激しい雨まで、降雨の量によっていろいろな呼び方がある。急に降ってすぐにやんでしまう雨を「にわか雨」、霧のように細かく、どこかへ吹き飛ばされて降雨が観測されない雨を「霧雨」、雷をともなう「雷雨」という雨もある。

一般的には降雨の量によって「小雨」から「雨」、そして「大雨」となり、手がつけられないくらいに激しく降る雨を「豪雨」という。このように、降る雨の量によって呼び方も変わる。だが、気象用語では降雨量によって**「弱い雨」→「やや強い雨」→「強い雨」→「激しい雨」→「非常に激しい雨」→「猛烈な雨」**と呼び分けている。

ちなみに、降雨量と降水量は同義語ではない。降雨量は雨だけの量だが、降水量には雨のほか雪や霙《みぞれ》、雹《ひょう》、霰《あられ》なども含んでいる。

大雨と豪雨の違い

気象庁では1時間あたりの降雨量が3㎜未満の雨を「弱い雨」、10〜20㎜を「やや強い雨」、20〜30㎜を「強い雨」、30〜50㎜を「激しい雨」、50〜80㎜を「非常に激しい雨」、80㎜以上を「猛烈な雨」と呼んでいる。

雨がものすごく降ることを、よく「バケツをひっくり返したような雨」と表現することがあるが、これは1時間の降雨量が30〜50㎜の「激しい雨」をいう。俗にいう「大雨」が、これに該当すると考えればよいだろう。ということは、バケツをひっくり返したような雨よりもさらに大量に降る雨もあるということである。どれだけ降れば豪雨といえるのか、その明確な定義はない。1時間に50㎜以上降る雨が「豪雨」と理解すればよいだろう。気象庁では、災害が発生する危険性があるほどの大量の雨を「大雨」、甚大な災害を発生させるほどの大雨が「豪雨」としている。

1時間に50㎜以上の雨が降れば、雨傘はまったく役に立たなくなる。自動車の運転も視野がさえぎられ、タイヤがスリップして事故を誘発する危険性がある。山間部では山崩れや崖崩れ、土石流による家屋の倒壊、河川の氾濫による家屋の浸水、都市部では交通が混乱し、地下街やビルの地下に雨水が流れ込むなど、大規模な自然災害が発生する恐れが出る。

頻発する集中豪雨、その原因はヒートアイランド現象

近年、都市部で集中豪雨が頻発するようになった。集中豪雨は大都会ほど発生する頻度が高く規模も大きい。それというのも、都市環境を破壊する原因として社会問題になっているヒートアイランド現象と集中豪雨は無関係ではないからだ。

ヒートアイランド現象は、都心部において地上の気温が周辺部より高温になる現象をいい、大都市ほど顕著である。ヒートアイランド現象には、さまざまな発生要因がある。高層ビルの増加にともない、空調設備などから排出される人工熱の増加、道路などのコンクリート化による熱吸収率の上昇、自動車から吐き出される二酸化炭素による大気汚染、気温を緩和させる樹木や水辺の減少などが考えられる。

なぜヒートアイランド現象が集中豪雨を頻発させるのだろうか。暖かい空気は冷たい空気に比べて軽い。ヒートアイランド現象で上空の冷たい空気と、地表近くの暖かい空気の温度差が大きくなると上昇気流が活発になり、積乱雲を発達させる。上空で冷たい空気に冷やされた積乱雲は、雲内で氷晶（氷の粒）を形成し、それが激しい大粒の雨となって地上に降ってくるのである。

積乱雲は地表と上空の温度差が大きくなる夏場に発生しやすい。それにヒートアイランド現象が加わることによって、集中豪雨もより激しさを増すのである。短時間に大量の雨が局地的に降るため、各地で大きな災害が起きている。最近では2014年8月、広島市の丘陵地では、豪雨により大規模な土砂災害が発生し、70数名の死傷者を出す被害をもたらした。予測することが困難な、突発的に発生する集中豪雨を「ゲリラ豪雨」といっている。

❻積雪量と降雪量はどう違う？

積雪とは地上に積もった雪のこと。そして、**地面から積もった雪の高さを「積雪量」**という。これに対し、降雪は雪が降ることを指し、**一定期間内に降った雪の量を「降雪量」**

という。積雪量と降雪量は同義語ではないので注意が必要だ。雪が降り続けば、寒冷地では積雪量が次第に蓄積されていくが、温暖な地域では雪が降ってもすぐに溶けてしまうことが多い。したがって、同じ量の雪が降っても寒冷地と温暖な地域では、積雪量に大きな違いが出てくる。たとえば30㎝の降雪が3日続いた場合、寒冷地ではほとんどが積雪量として加算されるが、温暖な地で30㎝の降雪が3日続いても、積雪量はほとんどゼロということもあり得る。

日本の国土の半分以上が豪雪地帯というのは本当か

じつは日本の国土の51％が豪雪地帯である。だが、豪雪地帯に住んでいる人は、日本の総人口の15％に過ぎない。大都市の多くが、太平洋岸の温暖な地域に集中しているのである。

豪雪地帯というと、冬の間深い雪に閉ざされ、日常の生活にも支障をきたすような地域を連想するが、国土交通省では1962（昭和37）年に制定した「豪雪地帯対策特別措置法」に基づいて指定された地域を「豪雪地帯」としている。同法の第1条で「この法律は、積雪が特にはなはだしいため、産業の発展が停滞的で、かつ、住民の生活水準の向上が阻害されている地域について、雪害の防除その他産業等の基礎条件の改善に関する総合的な対策を樹立し、その実施を推進することにより、当該地域における産業の振興と民生の安定向上に寄与することを目的とする」と規定している。また、第2条では「豪雪地帯のうち、積雪の度が特に高く、かつ、積雪により長期間自動車の交通が途絶する等により住民の生活に著しい支障を生ずる地域」を「特別豪雪地帯」に指定し、行財政面で国が全面的にバックアップしている。

2013(平成25)年4月1日現在、豪雪地帯に指定された市町村は532にのぼり、そのうち201市町村が特別豪雪地帯に指定されている。

都道府県の全域が豪雪地帯に指定されているのは、北海道をはじめ、青森、岩手、秋田、山形、新潟、富山、石川、福井、鳥取の10道県。ほとんどが日本海側の自治体である。一部が豪雪地帯に指定されている府県を合わせると24道府県にのぼる。四国と九州に豪雪地帯は存在しない(**図14**)。

沖縄でも雪は降るのか

47都道府県で降雪がまったくないのは、唯一沖縄県だけである。那覇市の年平均気温は23・1℃で、札幌市の年平均気温(8・9℃)より14・2℃も高い。最寒月の1月でも那覇市は17・0℃あり、10℃を下回ることはほとんどない(1967年に6・6℃を記録し

■図14　豪雪地帯

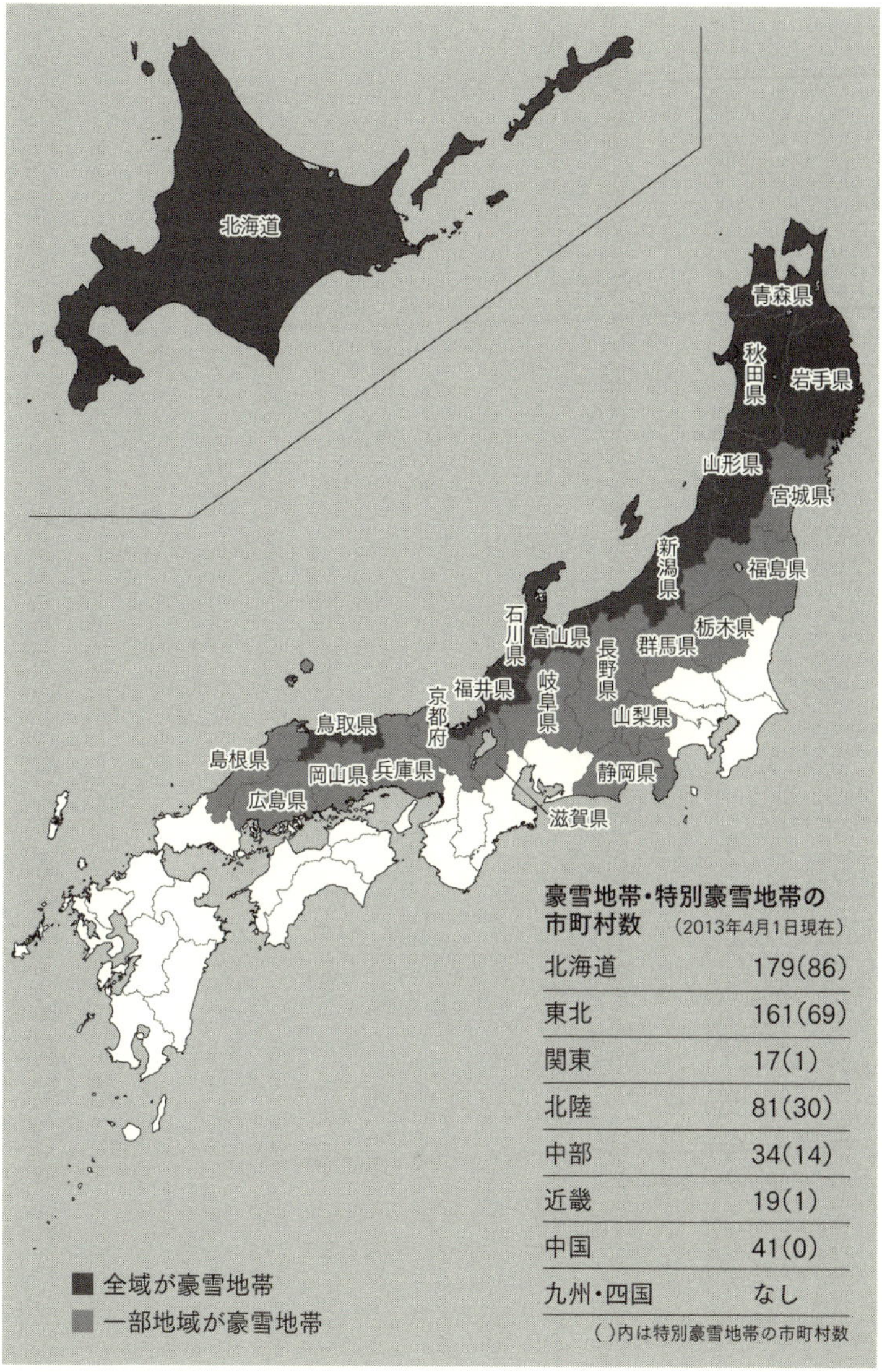

豪雪地帯・特別豪雪地帯の市町村数　（2013年4月1日現在）

北海道	179(86)
東北	161(69)
関東	17(1)
北陸	81(30)
中部	34(14)
近畿	19(1)
中国	41(0)
九州・四国	なし

( )内は特別豪雪地帯の市町村数

たことがある）。

だが、那覇市から西へ100㎞ほどの東シナ海上に浮かぶ久米島で、1977（昭和52）年2月、霙《みぞれ》を観測したことがある。霙も雪の一種だから降雪といえるかもしれないが、当然のことながら積雪はゼロである。沖縄で雪が降らないのは、気温が高い地域であるばかりではなく、沖縄には高い山がないからともいえる。那覇市よりはるか南にある台湾でも雪が積もることはあるし、赤道直下にそびえるキリマンジャロにも雪が積もっている。

ところで日本の降雪は、旭川市で1898（明治31）年の10月2日に観測されたものがもっとも早く、1941（昭和16）年の6月8日に網走市で観測されたものがもっとも遅い。東京や大阪などでも、11月初旬に初雪を観測することがまれにある。

❼日本本土で「初日の出」が最初に見えるのはどこか

東の空から昇ってくる太陽の上縁が、地平線に接する瞬間を「日の出」といい、なかでも元旦の日の出、すなわち1年で最初に見る日の出を「初日の出」と呼び、古くからめでたいとされてきた。初日の出の時刻は場所や季節によって異なる。日の出は夏至の1週間ほど前がいちばん早く、冬至の2週間後がもっとも遅い。

初日の出は西より東のほうが早いとは限らない

初日の出を見ることができるのは、大阪より東京のほうが早い。太陽は東から昇って西に沈んでいくので、常識的に考えれば、より東のほうが初日の出は早く見ることができる。日本で最初に初日の出が見られるのは、日本最東端の南鳥島である。

では、日本の本土で初日の出がいちばん早く見られる地はどこか。本土最東端の地は北海道の納沙布岬《のさっぷ》であるので、そこが最初に初日の出が見られるのかというと、そうではない。納沙布岬の初日の出は6時49分だが、千葉県の犬吠埼《いぬぼうさき》の初日の出の時刻は6時46分。納沙布岬より550㎞ほども西に位置している犬吠崎のほうが、初日の出は早いのである。

しかし、犬吠埼よりさらに早く初日の出が見られる地点がある。**富士山頂の初日の出は6時42分で、犬吠埼より4分早い。**こうしてみると、初日の出の時刻は、経度と緯度だけではなく、高さも大きく関係してくることがわかる。初日の出は南東方向へ進むほど早くなる。日本一初日の出の時刻が早い南鳥島は、東京から南東方向に2000㎞近くも離れている。したがって、初日の出の時刻も5時27分と、ほかの地域と比べ飛び抜けて早い。

経緯度が同じ地点であれば、高層ビルとか山の頂きなど、標高が高くなるほど初日の出の時刻も早くなる。東京の初日の出は6時50分だが、東京タワーは6時48分。東京スカイツリーの初日の出はそれよりもさらに早くなる（6時45分）。初日の出を、より早く拝み

■表13　都道府県庁所在地の初日の出時刻

都道府県	都市名	時刻
北海道	札幌	7.06
青森	青森	7.01
岩手	盛岡	6.56
宮城	仙台	6.53
秋田	秋田	7.00
山形	山形	6.55
福島	福島	6.53
茨城	水戸	6.49
栃木	宇都宮	6.52
群馬	前橋	6.55
埼玉	さいたま	6.51
千葉	千葉	6.49
東京	東京	6.50
神奈川	横浜	6.50
新潟	新潟	6.59
富山	富山	7.03
石川	金沢	7.05
福井	福井	7.06
山梨	甲府	6.55
長野	長野	6.59
岐阜	岐阜	7.02
静岡	静岡	6.54
愛知	名古屋	7.00
三重	津	7.01

都道府県	都市名	時刻
滋賀	大津	7.04
京都	京都	7.05
大阪	大阪	7.05
兵庫	神戸	7.06
奈良	奈良	7.04
和歌山	和歌山	7.05
鳥取	鳥取	7.12
島根	松江	7.17
岡山	岡山	7.11
広島	広島	7.16
山口	山口	7.20
徳島	徳島	7.07
香川	高松	7.10
愛媛	松山	7.14
高知	高知	7.10
福岡	福岡	7.23
佐賀	佐賀	7.22
長崎	長崎	7.23
熊本	熊本	7.19
大分	大分	7.17
宮崎	宮崎	7.14
鹿児島	鹿児島	7.17
沖縄	那覇	7.17

たいというのが人間の心理なのだろう。東京スカイツリーや東京タワーなどでは、「初日の出特別営業」を実施している。

都道府県庁所在地で初日の出がいちばん早いのはどこだ

太陽は東から昇り西に沈むが、季節によって昇ってくる方向は大きく異なる。冬は真東より南寄りの方角から太陽は昇るが、夏は真東より北寄りの方角から昇ってくる。したがって、初日の出は南鳥島が日本一早い。

けれど、夏至（6月21日）も同じわけではない。南鳥島の日の出が3時58分であるのに対し、納沙布岬は3時31分。初日の出では1時間20分以上も遅い納沙布岬だが、夏至にはいちばん日の出が早くなる。

ところで、都道府県庁所在地ではどこが日本一初日の出が早いのか。

もっとも東に位置する札幌市ではない。札幌市の初日の出は7時6分で、京都市や大阪市（7時5分）より遅いのである。日本一初日の出が早い都市は、経度と緯度の絶妙なバランスで決まる。茨城県の水戸市と千葉市の初日の出が6時49分でいちばん早い。緯度では44分13秒（約100㎞）南に位置する千葉市と、経度では19分24秒（約36㎞）東に位置する水戸市の初日の出がほぼ同時刻なのである。

初日の出がいちばん遅いのは福岡市と長崎市の7時23分である。

第四章

知れば知るほど面白い日本の都市と地名

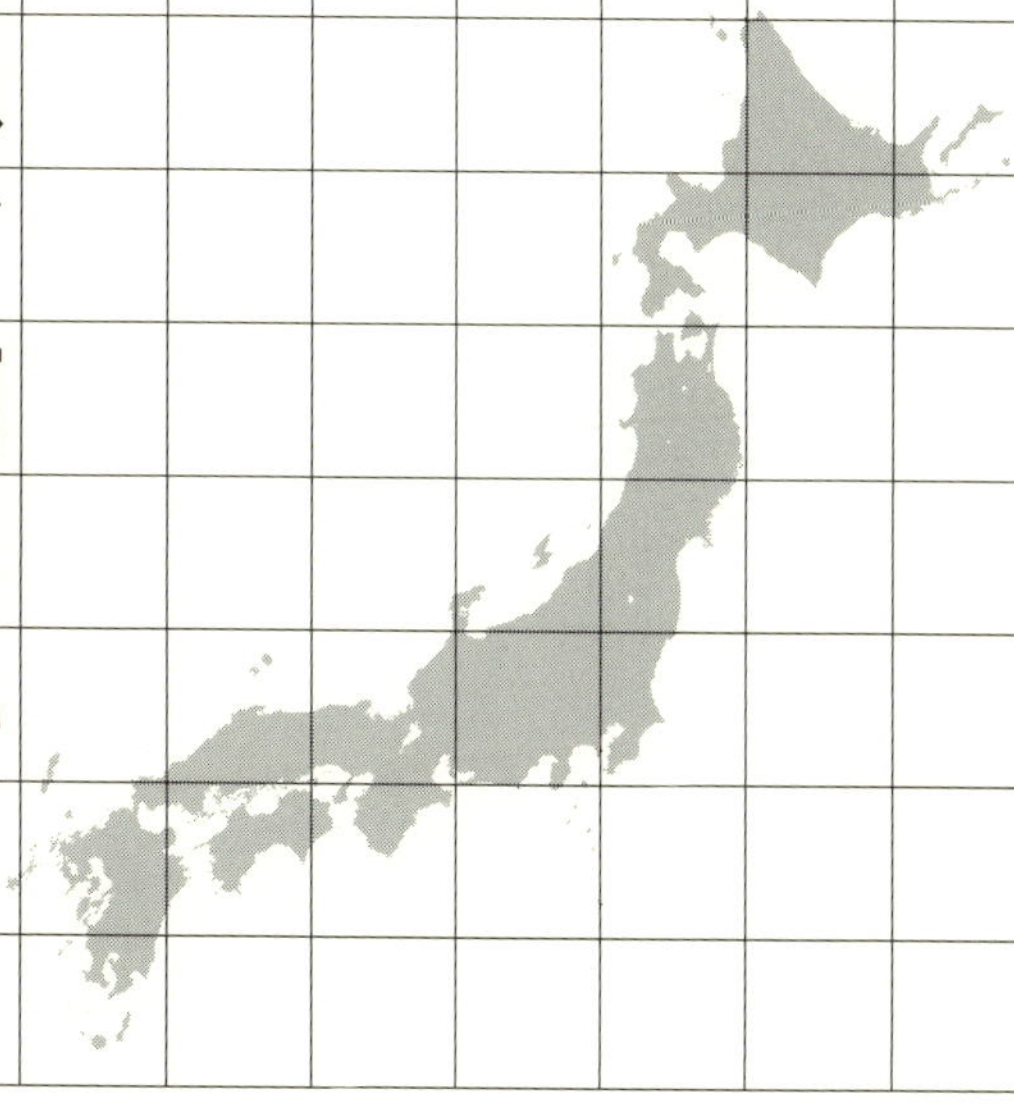

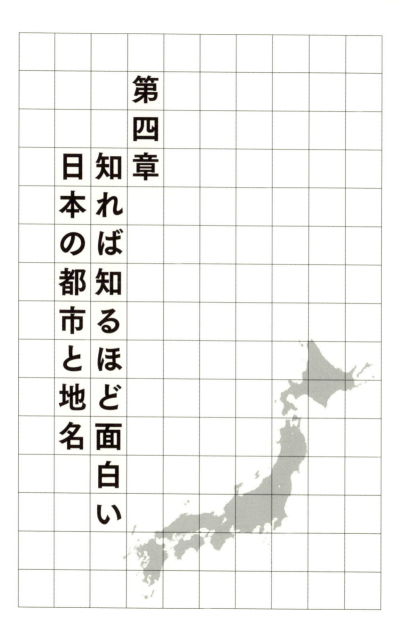

❶市町村数はどこまで減り続けるのか

明治新政府が最初に手掛けたのが、近代国家建設の骨組みとなる行政区画の確立であった。1871（明治4）年、まず廃藩置県を断行し、その後も幾度となく府県の統廃合を行って中央集権体制を固めた。明治の中頃、それが一段落すると次に末端の町や村の編成作業に着手し、1889（明治22）年4月に「市制町村制」が施行された。これによって、**7万1497あった町や村が、一気に1万5859の市町村に統合**された。俗にいう**「明治の大合併」**である。

「明治の大合併」に続いて進められた「昭和の大合併」

町や村の数が5分の1近くにまで統合されたとはいえ、まだまだ財政基盤の脆弱な町や村が多かったため、引き続き町村の統廃合を進めなければならなかった。町村数は次第にその数を減らしていったものの、国が描いている青写真とはほど遠いものだったのである。

新制中学校を新設し、消防や警察、社会福祉などの行政事務を合理化させるためには、人口8000人規模の町村にする必要がある。そこで、1953（昭和28）年に「町村合併促進法」、1956年には「新市町村建設促進法」を施行して、積極的に市町村の統廃合を進めた。これによって、**市町村数は以前の3分の1程度にまで減らすことができた。**これが**「昭和の大合併」**である。

だが、依然として財政基盤の弱い町村が少なくなく、市町村規模の適正化を図る意味でも、さらなる市町村合併が必要だと考えられた。そこで1965（昭和40）年に「市町村の合併の特例に関する法律」を施行。けれど、この法律が施行されてから40年あまり経っても、約1600の市町村を減らせたにすぎなかった。1999（平成11）年時点の市町村数は3229。国も地方自治体も財政は危機的状況にある。早急に地方自治体の財政立て直しと合理化、効率化を推し進めなければならない。そのためには、市町村数をもっと減らす必要があった。

市町村数を1000にするという「平成の大合併」だったが

2000（平成12）年4月、「地方分権一括法」が施行され、国は基礎的自治体の財政力の強化を図るため、「市町村数を1000にする」という目標を掲げた。そして市町村合併支援本部を設置するとともに、さまざまな合併優遇策を打ち出して、これまでにも増して強力に市町村合併を推し進めた。

優遇策の1つが、市になる要件の大幅な緩和である。平成の大合併前までは、「人口5万人以上を有すること。中心の市街地を形成している区域内にある戸数が、全戸数の6割以上であること」など、さまざまな要件を満たしていなければ市になれなかった。それが、期限内に合併すれば人口3万人以上で市に昇格できることになった。1万人の村が3つ集まれば、たとえ市の機能を備えていなくても、市街地を形成していなくても、無条件で市になれるのだ。まさに市になる要件の大盤振る舞いである。

一方では、たとえ人口が5万人以上でも、合併しない限り市になるための要件を満たしていなければ市に昇格させないという厳しさもあった。「基礎自治体を強化するための市町村合併」という政府の方針とは大きく矛盾するが、何がなんでも市町村数を1000にするためにはやむを得ないことなのだろうか。

そのほかにも、政府は手厚い財政支援を打ち出すなどして合併を奨励し、一方では期限内に合併しなければ地方交付税を大幅に削減するなど、アメとムチで市町村合併を推し進めた。その成果なのか、2006（平成18）年3月には市町村数が1821と、平成の大合併前の約半分に減った。だが、政府の当初の目標には遠くおよばない。そのため、その後も合併特例法を改正するなどして、引き続き市町村合併を促しているが、**2014（平成26）年4月現在、全国には1718の市町村がある。**

政府には最終的には市町村数を600、あるいは800にまで減らす構想もある。

❷日本で最初に市になったのに、人口はわずか8万人ほど

ところで、1889（明治22）年に施行された市制町村制で市になったのは、わずか31市（**図15**）。全体の0・2％にすぎず、90％以上が村であった。この地図には東京も名古屋も記されていない。というのも、市制施行日に東京も名古屋も市になることができなかったからだ。

もっとも、東京も名古屋も市になる要件を備えていなかったわけではない。事務手続きの遅れで、市制施行日に間に合わなかっただけのことである。31市の顔ぶれを見ると、ほとんどが現在の府県庁所在地である。だが、弘前、米沢、高岡、堺、姫路、赤間関（下関）、久留米の7市は県庁所在地ではない。それなのに、全国で最初に市になったのだ。

明治末期までに誕生したのは64市

東京は1カ月遅れの翌5月1日に市制を施行。岡山が6月1日、甲府と岐阜が7月1日、名古屋と鳥取および徳島が10月1日、松山は12月15日し、同年末までにこの8市を加えて

■図15　1889年（明治22）年4月1日に市制施行した31市

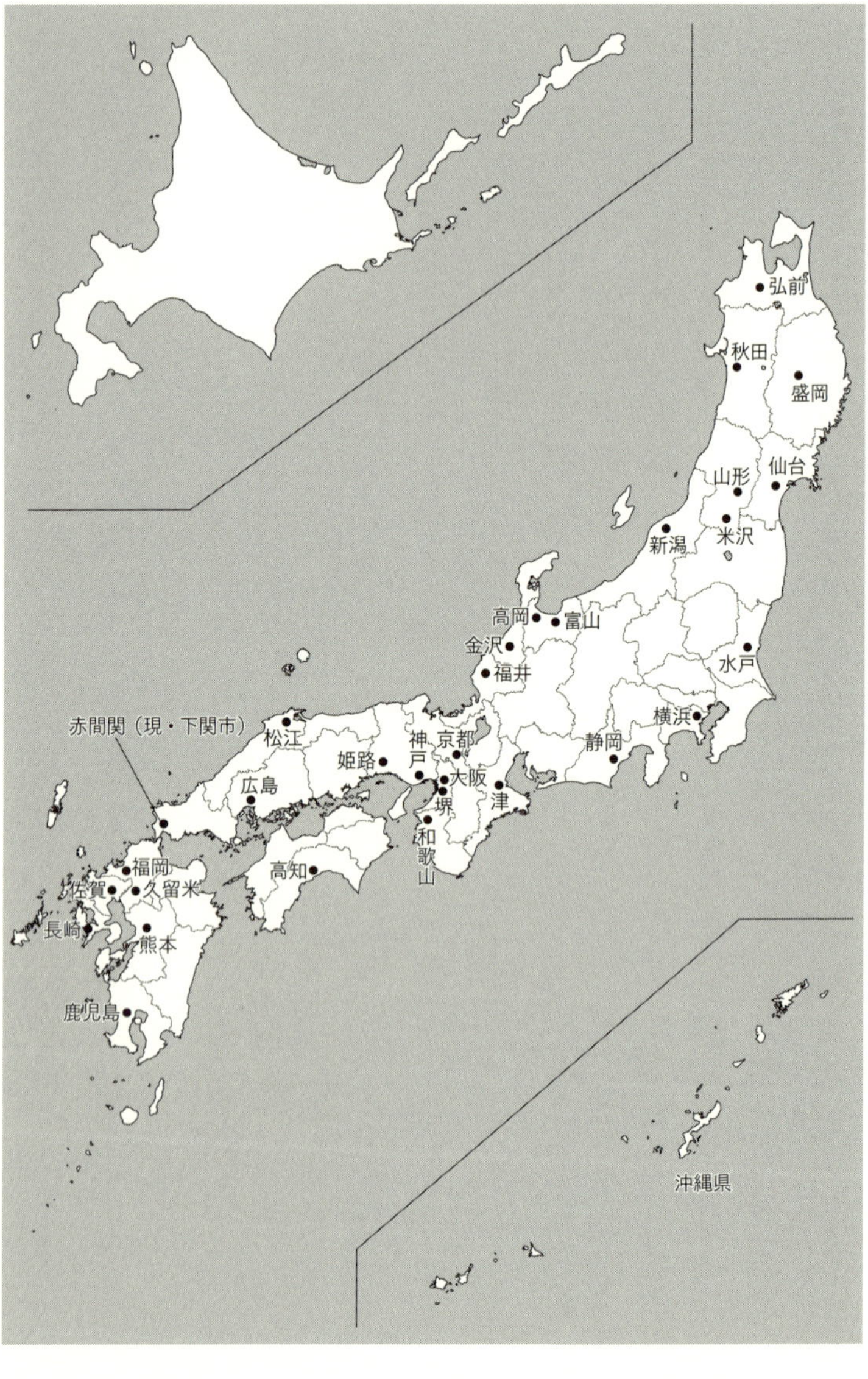

合計39の市が誕生した。

その後も地方の主要都市が相次いで名乗りを上げ、明治末期までに全国で64の市が生まれた。そのなかには横浜や大阪、名古屋などのように、日本有数の大都会に成長した市もあれば、いまだに人口が10万人に満たないところもある。

山形県の米沢市は、名古屋市よりも前に市になったが、その後大きく発展することもなく、現在の人口は8・6万人（2014年10月末）。**64市のなかで人口が10万人に満たないのは、全国で唯一米沢市だけ**である。

ちなみに、64市のうちでいちばん市が多いのは福岡、久留米、小倉（現・北九州市）、門司（現・北九州市）の4市を有する福岡県であった。次いで、新潟県は新潟、長岡、高田（現・上越市）、三重県は津、四日市、宇治山田（現・伊勢市）、広島県は広島、呉、尾道の3市が成立していた。

ほとんどの県庁所在地が明治時代に市になっているが、北海道、埼玉、千葉、宮崎の4道県は、大正時代になるまで市が1つも存在しなかった。県庁所在地で昭和に入るまで市でなかったのは、1934（昭和9）年に市制施行した埼玉県の浦和市（現・さいたま市）と、1929（昭和4）年の山口市である。

「市」と「町」の数がついに逆転

市制町村制が施行されて以来、市の数は一貫して増え続けたが、それに反比例して村の数は減り続けた。市と村の中間にある町は1100～2000で横ばいを続けた。市の数が100を突破した1930（昭和5）年には、村はまだ1万292あったが、市がちょうど500になった1957（昭和32）年、村の数は3866と約3分の1に激減。市はその後もわずかながら増え続けたが、村は減少の一途をたどった。

そして1975（昭和50）年、ついに市（643）と村の数（640）が逆転した。町の数だけは市の3倍以上の1974と、依然として1900台をキープしていた。

だが、平成の大合併で町は一気に減少に転じ、2010（平成22）年2月には市と町の数が784で同数となった。そして翌月、山梨県で鰍沢町《かじかざわ》と増穂町《ますほ》が合併して富士川町という1つの町になったため、町の数が1つ減って783になった。ついに、市は町も抜いていちばん数の多い自治体になったのである。

2014（平成26）年4月末現在の市町村数は、790市、745町、183村の合計1718である。

❸四国で政令指定都市は誕生するか

「政令指定都市」とは、「大都市行政の効率化と市民の利便性向上のため、政令で指定した人口50万人以上の市」と規定されている。しかし、行財政能力などの要件も備えていなければならず、実際には100万人規模の都市でなければ指定されなかった。

この制度が創設されたのは1956（昭和31）年で、大阪、名古屋、京都、横浜、神戸の5大都市が、日本で最初の政令指定都市として誕生し、これに東京を加えて「六大都市」と呼ばれた。

六大都市とほかの都市との間には、都市規模などにおいて圧倒的な差があった。1963（昭和38）年には、福岡県北部の門司、小倉、八幡、若松、戸畑の5市が合併して成立した北九州市も政令指定都市となり、「七大都市」となった。

21番目の政令指定都市はどこで誕生するか

政令指定都市になると、都道府県なみの行財政権が与えられる。都道府県と対等なのだ。地方の主要都市にとって、政令指定都市は大きな目標になった。高度成長期に入ると地方都市が急成長し、政令指定都市との距離を一気に縮めた。そして1972（昭和47）年、札幌、川崎、福岡の3市が政令指定都市に名乗りを上げ、8年後の1980年に広島市が仲間入り。政令指定都市は2ケタの大台に乗った。1989（平成元）年に仙台市、1992年に千葉市が加わり、政令指定都市もこれで一段落したかと思われた。

しかし、平成の大合併を機に政令指定都市が各地で誕生することになった。

2001（平成13）年に政府が打ち出した「市町村合併支援プラン」で、政令指定都市の要件が大幅に緩和されたのである。人口が70万人以上あれば、将来100万都市になる見込みがなくても政令指定都市になれるというのだ。その第1号が静岡市だった。

静岡市は2003年、隣接する清水市と合併して人口70万人以上になり、2年後に政令指定都市になった。静岡市の後を追うように、堺、新潟、浜松、岡山、相模原、熊本と続き、政令指定都市は全部で20になった（**図16**）。

21番目の政令指定都市として名乗りを上げるのはどこだろう。政令指定都市の予備軍ともいえる人口50万人以上の都市が、船橋、鹿児島、八王子、川口、姫路、松山、宇都宮、東大阪の8市ある。政令指定都市は全国で唯一、四国にだけ存在しない。

四国にも1つくらい政令指定都市が欲しいところだが、果たして誕生する可能性はあるのか。四国最大の都市は愛媛県の松山市で、人口は51・6万人だが、政令指定都市の要件

■図16　政令指定都市

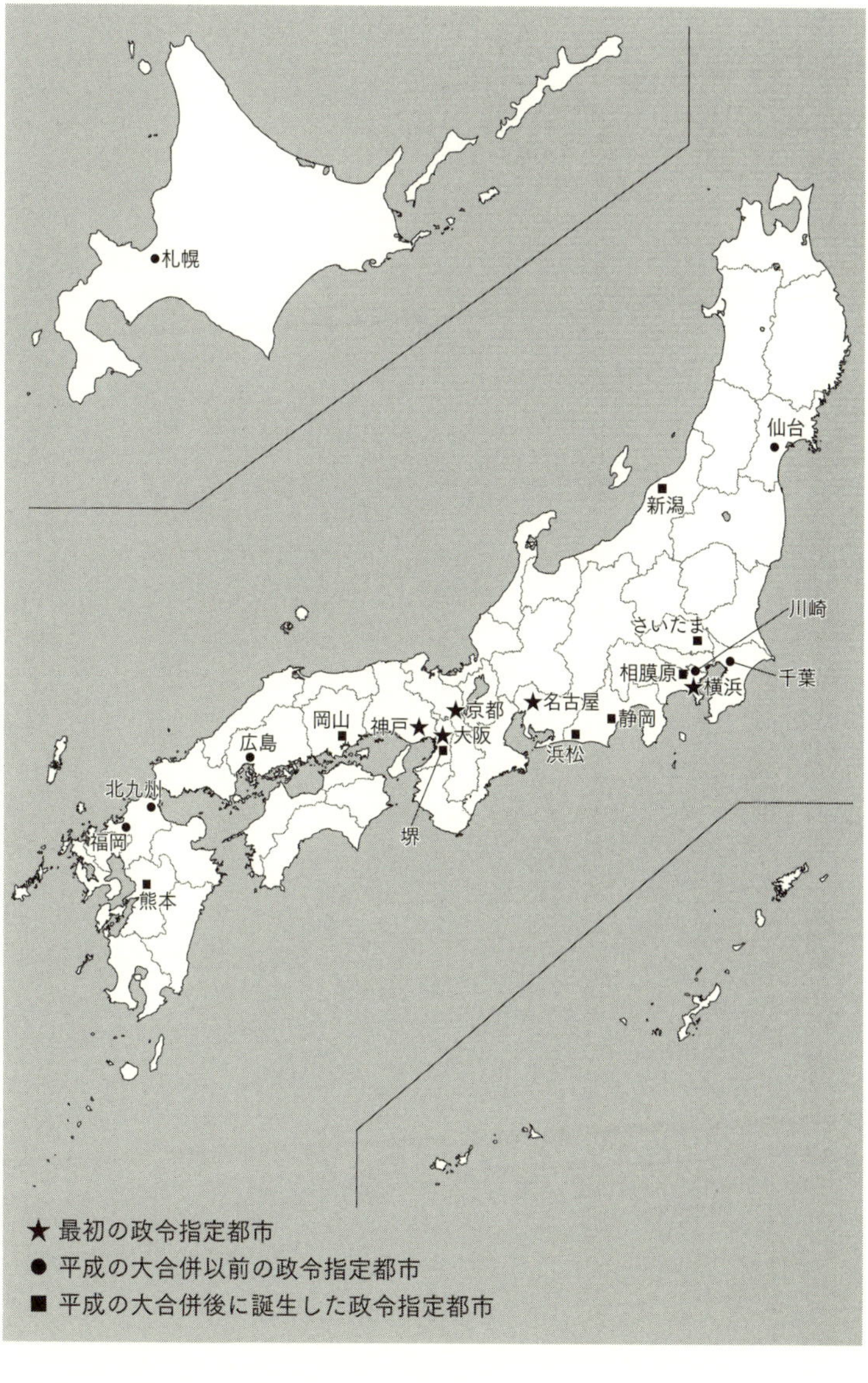
札幌
仙台
新潟
川崎
さいたま
相模原
千葉
横浜
名古屋
京都
静岡
岡山
神戸
大阪
広島
浜松
北九州
福岡
堺
熊本
★ 最初の政令指定都市
● 平成の大合併以前の政令指定都市
■ 平成の大合併後に誕生した政令指定都市

である70万人にはまだ遠く、広域合併でもしない限り実現は難しい。それより、首都圏や関西圏には2つの市が合併しただけで70万人を突破する地域はいくらでもある。それらのほうが実現性は高そうだ。

政令指定都市のイメージを変えた相模原市

政令指定都市といえば日本を代表する大都市である。その地域の経済の中心地であり、人口が100万人未満でも大都市としての風格を備えているものだ。しかし、神奈川県の相模原市は、これまでの政令指定都市のイメージを大きく変えた。

相模原市は2007(平成19)年、藤野町と城山町を編入して人口が70万人を超え、政令指定都市の要件を満たした。そして、3年後の2010(平成22)年に政令指定都市になった。だが、相模原市は東京のベッドタウンであり、大都市という印象はない。人口は多いが都市の核がどこなのか、ほかの地域から来た人にはわかりづらいだろう。

相模原市は戦後に市制を施行した全国で唯一の政令指定都市である。1954(昭和29)年に市制を施行し、それから56年後に政令指定都市になった。日本初の政令指定都市である大阪、名古屋、京都、横浜、神戸の5大都市でも、市制施行から政令指定都市になるまで67年を要している。

では、相模原市が最短で政令指定都市になったのかというと、じつはそうではない。札幌市が市制施行したのは１９２２（大正11）年、政令指定都市になったのは１９７２（昭和47）年。市制施行から政令指定都市になるまでに要した年数は50年で、相模原市より６年短い。

さらに短いケースもある。北九州市は門司、小倉、八幡、若松、戸畑の５市が合併して１９６３（昭和38）年に政令指定都市になったが、５市のなかで最後に市になった戸畑市は、１９２４（大正13）年の市制施行からわずか39年で政令指定都市になったことになる。

❹行政区と特別区はどっちが大きい？

政令指定都市の制度は、あくまでも大都市における行政の効率化と市民の利便性向上にあり、そのため区を設置することが義務づけられている。１つの大都市をいくつもの区に分け、そこに区役所を設置して、市民生活に関わりの深い行政サービスを行うのである。

東京23区の「特別区」に対して、政令指定都市の区は「行政区」と呼ばれている。特別区は市町村と同等の機能を有する地方自治体の１つで、区長も区議会議員も選挙によって選出される。しかし、政令指定都市の区長は市長が任命し、区議会議員は存在しない。あくまでも市の下部組織にすぎないのである。

行政区がいちばん多いのは大阪市

政令指定都市は行政区を設置する必要がある。いい換えれば、行政区の設置は政令指定都市にのみ与えられた特権である。よりきめ細かな行政サービスを行い、市民の利便性向上を図るためには、行政区は多いほうがいい。しかし、それだけ税の負担が市民に重くのしかかってくるので、むやみに区を設置するわけにもいかない。ちなみに、政令指定都市の人口と区の数は必ずしも比例していない。

東京には23の特別区があるが、それ以上の区を有する政令指定都市もある。**区の数がいちばん多いのは大阪市で、全部で24ある。**かつては26の区があったが１９８９（平成元）年に、大淀区が北区に編入され、東区と南区が合併して中央区になったことにより、現在の24区になったのである。

東京特別区の１区平均の人口は約40万人、対する大阪市は11万人である。大阪市より１００万人以上人口が多い神奈川県の横浜市が18区であることを考えると、大阪市の24区は確かに多いかもしれない。３番目は名古屋市の16区だ。逆にいちばん区の数が少ないのは静岡市と相模原市で、３つの区しかない。

1区平均の人口がもっとも少ないのは大阪市だが、逆にもっとも多いのは相模原市と静岡市で、1区平均24万人ほどである。1区平均20万人以上の都市は、福岡、横浜、川崎を加え、全部で5都市ある。

行政区なのに大田区の18倍もある

本来、各区の面積と人口は均等であるのが望ましいが、実際には著しい格差がある。横浜市の港北区のように、人口30万人以上を有する区もあれば、浜松市天竜区のように3万

■表14　政令指定都市の人口・区数・指定日

都市名	人口（万人）	区の数	指定日
大阪	266.3	24	1956.9.1
名古屋	224.8	16	〃
京都	142.0	11	〃
横浜	370.8	18	〃
神戸	155.5	9	〃
北九州	98.3	7	1963.4.1
札幌	192.0	10	1972.4.1
川崎	142.5	7	〃
福岡	145.9	7	〃
広島	118.0	8	1980.4.1
仙台	103.9	5	1989.4.1
千葉	95.8	6	1992.4.1
さいたま	124.6	10	2003.4.1
静岡	71.9	3	2005.4.1
堺	84.9	7	2006.4.1
新潟	80.6	8	2007.4.1
浜松	81.3	7	〃
岡山	70.2	4	2009.4.1
相模原	71.1	3	2010.4.1
熊本	73.2	5	2012.4.1

（総務省住民基本台帳2013年3月末）

人そこその区もある。同じ都市内でも、人口の多い区と少ない区とでは著しい差がある。たとえば、東京23区で人口がいちばん多い世田谷区（86・3万人）と、もっとも少ない千代田区（5・3万人）では約17倍の差がある。

面積も同じようことがいえる。東京23区では、いちばん面積の広い大田区（60・4㎢）といちばん狭い台東区（10・1㎢）とでは6倍弱の差だが、浜松市の区はこれをはるかに上回る。中区の面積は44・2㎢で、東京23区と比べれば決して面積が狭いわけではないだが、天竜区の面積は944㎢と、琵琶湖の約1・4倍、中区の21倍以上の面積である。けれど、区内の大半が農山村地帯で、政令指定都市の行政区とはとうてい思えない。

天竜区よりさらに面積の広い行政区がある。静岡市葵区の面積は1073・4㎢。東京23区の大田区の約18倍、行政区のなかでいちばん面積が狭い大阪市の浪速区（4・4㎢）の244倍にものぼる。静岡県庁や市役所があるほか、3000ｍを超える山々の連なる南アルプスもある。区の北端から南端まで80㎞ほどもある。

❺中核市と特例市のブランド力

大都市制度には政令指定都市のほか、中核市と特例市がある。最近は政令指定都市のブランド力が著しく低下した感があるが、中核市と特例市はさらに認知度が低い大都市制度ではないだろうか。

中核市は人口30万人以上、特例市は20万人以上

中核市の制度は政令指定都市の予備軍として、一定の人口および機能を備えた都市に都道府県の事務権限の一部を移譲するため、1996（平成8）年に創設された。中核市に、政令指定都市に準じた権限を与えることによって、行政事務の効率化と市民サービスの向上を図ることを目的としている。都道府県から移譲される事務権限は、福祉、保健衛生、都市計画、環境保全など1000項目以上にもおよぶ。

このようにメリットは大きいため、ある程度の規模を有する都市は中核市になることを目指した。しかし、この制度が発足した当初は要件もかなり厳しいものだった。

その要件とは次の通りである。

①人口30万人以上の都市であること
②面積100㎢以上であること
③人口が50万人未満の都市である場合は、昼間人口が夜間人口より多いこと

第一陣として、宇都宮、新潟、富山、金沢、静岡、浜松、岐阜、堺、姫路、岡山、熊本、

鹿児島の12市が中核市に指定された。12市のうちの半分の6市（新潟、静岡、浜松、堺、岡山、熊本）が、その後政令指定都市に昇格している。

それ以外の市では、人口は30万人以上有していながら面積が狭いとか、昼間人口が夜間人口より少ないなどの理由で、中核市になれない市が少なくなかった。

そのため、要件は次第に緩和され、2006（平成18）年には「人口が30万人以上であること」の1点のみになった。中核市は続々と誕生し、現在では全国で43市を数えるまでになった。

中核市に準じているのが特例市である。特例市は、中核市の誕生から4年後の2000（平成12）年に発足した大都市制度の1つで、都道府県から移譲される事務権限も中核市に比べれば少ないが、行政の効率化と住民サービスの向上が図れる制度ということでメリットは大きい。しかも要件は、「人口が20万人以上であること」の1点のみ。現在では全国には40の特例市がある。

だが、2015年4月から特例市の制度が廃止されることになり、今後は中核市に一本化される。中核市の要件も「人口20万人以上」に緩和される。

要件を備えているのに、中核市や特例市にならない都市がある

中核市や特例市になるための要件を備えていながら、指定を受けていない都市がある。中核市や特例市の制度は強制ではなく、各市の自由意思によるものだからだ。中核市や特例市になれば、都道府県から移譲される事務権限が増大するので、行政能率の効率化、市民サービスの向上という面では大きく前進するが、職員の増員など財政負担も大きくなる。そのため、中核市や特例市になる要件を満たしていながら、あえて申請しない市もある。松戸（48・6万人）、市川（46・8万）、町田（42・6万人）、藤沢（42・0万人）、福島（28・4万人）、津（28・6万人）、市原（28・2万人）、徳島（25・8万人）、府中（25・

■表15　中核市&特例市

都道府県	中核市	特例市
北海道	旭川、函館	
青森	青森	八戸
岩手	盛岡	
宮城		
秋田	秋田	
山形		山形
福島	郡山、いわき	
茨城		水戸、つくば
栃木	宇都宮	
群馬	前橋、高崎	伊勢崎、太田
埼玉	川越、越谷	川口、所沢、草加、春日部、熊谷
千葉	船橋、柏	
東京	八王子	
神奈川	横須賀	小田原、大和、平塚、厚木、茅ヶ崎
新潟		長岡、上越
富山	富山	
石川	金沢	
福井		福井
山梨		甲府
長野	長野	松本
岐阜	岐阜	
静岡		沼津、富士
愛知	豊橋、豊田、岡崎	春日井、一宮
三重		四日市
滋賀	大津	
京都		
大阪	高槻、東大阪、豊中、枚方	吹田、茨木、八尾、寝屋川、岸和田
兵庫	姫路、尼崎、西宮	明石、加古川、宝塚
奈良	奈良	
和歌山	和歌山	
鳥取		鳥取
島根		松江
岡山	倉敷	
広島	福山	呉
山口	下関	
徳島		
香川	高松	
愛媛	松山	
高知	高知	
福岡	久留米	
佐賀		佐賀
長崎	長崎	佐世保
熊本		
大分	大分	
宮崎	宮崎	
鹿児島	鹿児島	
沖縄	那覇	
全国	45市	39市

2万人)、上尾(22・8万人)、調布(22・3万人)の11市がそれである。

また、一度中核市や特例市に指定されると、その後に人口が減少するなどして要件を満たさなくても、指定が解かれることはない。そのため、岸和田市や甲府市、小田原市、鳥取市などのように、人口が20万人に満たない特例市もある。

⑥昼夜間人口比率——東京都心の人口は4倍に増加する

大都市には、周辺地域から通勤や通学などで毎日多くの人が集まってくる。そのため、昼間人口は夜間人口(常住人口)より多くなる。夜間人口100人あたりの昼間人口の割合を「昼夜間人口比率」というが、2010(平成22)年の国勢調査で、昼夜間人口比率がもっとも高かったのは東京都(118・4%)。次いで大阪府(104・7%)、愛知県(101・5%)と、いずれも三大都市圏の中核を担う都府県である。東京の昼夜間人口比率が118・4%ということは、夜間人口の18・4%にあたる242万人が東京へ流入してくることになる。

一方、東京都に隣接している埼玉県(88・6%)、千葉県(89・5%)、神奈川県(91・2%)は、いずれも昼間人口のほうが夜間人口より少なく、この3県が東京のベッドタウンとしての役割を担っていることがわかる。

昼間人口は横浜市より大阪市のほうが多い

東京のすべての区で、夜間人口より昼間人口が多いわけではない。昼間人口が夜間人口の何十倍にも増加する区がある一方で、夜間人口のほうが少ない区もある。昼夜間人口比率がいちばん高いのは千代田区（1738・8％）で、昼間人口は常住人口の17倍以上になる。

夜間人口は4・7万人にすぎないのに、昼間人口は81・9万にもなるのだ（2010年国勢調査）。

昼夜間人口比率が200％以上、つまり昼間人口が夜間人口の2倍以上になる区は、千代田区のほか、中央区（493・6％）、港区（432・0％）、渋谷区（254・6％）、新宿区（229・9％）の5区ある。これら5区の常住人口は90・6万人だが、昼間には358・2万人にまで膨れ上がる。

一方、大田、世田谷、杉並、中野、練馬、板橋、北、荒川、足立、葛飾、江戸川の11区は、昼間人口が夜間人口を下回っている。すなわち、これらの区は東京のベッドタウン的な性格が強い地域である。

■表16　東京23区および政令指定都市の人口と昼夜間人口比率

	都市名	夜間人口（常住人口）（万人）	昼間人口（増減）（万人）	昼夜間人口比率（%）
1	東京（23区）	894.6	276.6	130.9
2	横浜	368.9	-31.3	91.5
3	大阪	266.5	87.3	132.8
4	名古屋	226.4	30.5	113.5
5	札幌	191.3	1.2	100.6
6	神戸	154.4	4.0	102.6
7	京都	147.4	12.5	108.5
8	福岡	146.3	17.4	111.9
9	川崎	142.6	-15.0	89.5
10	さいたま	122.2	-8.8	92.8
11	広島	117.4	2.5	102.1
12	仙台	104.6	7.6	107.3
13	北九州	97.7	2.7	102.7
14	千葉	96.2	-2.4	97.5
15	堺	84.2	-4.7	94.4
16	新潟	81.2	1.4	101.8
17	浜松	80.1	-0.2	99.7
18	熊本	73.4	2.3	103.1
19	相模原	71.8	-8.7	87.9
20	静岡	71.6	2.3	103.3
21	岡山	70.9	2.9	104.2

（2010年国勢調査人口）

政令指定都市の昼夜間人口比率を見ると、もっとも高いのは大阪市で１３２・８％。これは東京23区（１３０・９％）より高い。夜間人口では横浜市より１００万人以上少ない大阪市だが、昼間人口は横浜市より多くなる。東京に次ぐ日本第二の大都会といわれるゆえんである。以下、名古屋（１１３・５％）、福岡（１１１・９％）、京都（１０８・５％）、仙台（１０７・３％）と続く。昼夜間人口比率がいちばん低いのは相模原市で87・９％である。

ドーナツ化現象から都心回帰現象へ

東京など大都市の都心部では、バブル期にビジネス街が巨大化し、地価の高騰と住環境の悪化で住民たちは郊外へ追いやられた。そのため常住者人口が減少し、都心が空洞化する「ドーナツ化現象」が進展。廃校に追い込まれた小中学校も少なくなかった。しかし、

近年は昼夜間人口比率の格差が縮小傾向にある。

10年前の２０００（平成12）年の国勢調査では、千代田区の昼夜間人口比率は２３７４％、中央区は８９８％、港区は５２６％であったことを考えると、現在は昼夜間人口比率が随分低下している。都心に常住する人が増加しているのだ。この傾向はさらに続くとみられている。地価の下落により都心部の再開発が進み、高層マンションが続々と建設され

るようになった。それまで手の届かなかった都心のマンションが、取得しやすくなったことが大きい。バブル期に郊外へ転出した人たちが、再び都心に戻りつつある。通勤地獄のない交通至便な都心が、居住地として見直されてきたのだろう。

これは大阪や名古屋、福岡など地方の大都市にもいえる傾向である。逆に横浜や川崎など、ベッドタウン的な性格が強い都市の昼夜間人口比率は上昇傾向にある。本来、昼夜間人口比率は100%であることが理想的なので、昼間と夜間の人口が縮小傾向にあることは喜ばしいことといえよう。

❼県庁所在地が県内最大の都市とは限らない

県庁所在地はその県の政治経済文化の中心地で、人口も県内でいちばん多いのが普通である。県庁所在地には県の行政機関や国の出先機関、新聞、テレビ、ラジオなどのメディアの拠点も集まる。必然的に県庁所在地には人が集まり、県内最大の都市として発展する。日本の人口が東京に集中しているように、地方では県庁所在地に人口が集中する傾向にある。近年の少子高齢化の影響もあって、地方では人口が減少しているが、県庁所在地だけは人口が増加している。このように、県庁が設置されていることは都市が発展する上で非常に有利で、県内で最大の都市になるのは当然といえる。

同じ県内で県庁所在地より人口の多い都市がある

だが、県庁所在地でなければ、都市は大きく発展できないわけではない。県庁がないというハンディを見事にはね返し、県庁所在地より発展している都市もある。

その1つが、福島県の郡山市だ。福島県の県庁所在地である福島市の人口は28・4万人。一方、郡山市は東北新幹線や磐越東線、磐越西線などが交わる交通の要地で、人口32・5万人と、福島市より多い。

福島県にはもう1つ、県庁所在地より人口の多い都市がある。1966（昭和41）年に、平、磐城《いわき》、勿来《なこそ》、常磐、内郷の5市と9町村が合体して誕生した「いわき市」で、人口は33・7万人。福島市は県内で3番目の都市である。

群馬県も、県庁所在地の前橋市の人口が34・1万人であるのに対し、高崎市の人口は37・5万人。わずかだが高崎市のほうが多い。明治以降、前橋市と高崎市は県庁移転問題で、激しくしのぎを削ってきた。行政の中心は前橋市だが、高崎市は上越新幹線と北陸新幹線が分岐する交通の要地にあり、群馬県における経済の中心地だ。両市は永遠のライバルなのである。

静岡県も県庁所在地の静岡市（71・9万人）より、浜松市（81・3万人）のほうが人口は多い。両市とも旧城下町であり、政令指定都市でもある。また、広大な面積を有することでも共通している。行政の中心地は静岡市だが、浜松市は県下最大の工業都市だ。1960年以降、浜松市はたえず静岡市の人口を上回っている。

三重県も県庁所在地の津市（28・6万人）より、中京工業地帯の一翼を担っている四日市市（31・3万人）のほうが人口はわずかながら多い。かつてはもっと大きな人口差があった。平成の大合併で四日市市は、人口1万人程度の町を合併しただけなのに対し、津市は9市町村と合併して人口が一気に2倍近くも増加した。それでも津市は、四日市市の人口を抜くことはできなかった。

山口県の県庁所在地である山口市は、県庁所在地のなかでいちばん人口の少ない市として知られていた。下関市との間には2倍近くの人口の開きがあった。平成の大合併でその差は縮まったが、下関市の27・9万人に対し、山口市の人口は19・5万人。両市の間には、まだまだ大きな差がある（人口は総務省住民基本台帳2013年3月末）。

県庁所在地より早く市制施行した都市もある

各都道府県で最初に市制を施行したのは、ほとんどが県庁所在地であった。だが、同じ県内で県庁所在地よりも先に市になった都市がある。

青森県の県庁所在地は青森市だが、青森県が成立した当時の県庁所在地は、津軽藩の旧城下町の弘前市だった。弘前市は1889（明治22）年に市制町村制が施行された際、日本で最初の市の1つとして誕生した。青森市が市制を施行したのは、9年後の1898（明治31）年のことである。

福島県の県庁所在地の福島市は、1907（明治40）年に市制を施行している。だが、同じ県内にある白虎隊で名高い旧城下町の会津若松市は、それより8年早い1899（明治32）年に、福島県で最初の市として誕生している。当時は、会津若松市が福島県最大の都市だったのである。

埼玉県で最初に市制を施行したのは、川越市で1922（大正11）年のことである。県庁所在地の旧浦和市（現・さいたま市）は1934（昭和9）年に市となったが、都道府県庁所在地では全国でいちばん市制施行が遅れた市である。次に市制施行が遅かったのは山口市だ。山口県では、下関市が1889年に日本で最初の市の1つとして誕生しているが、市制を施行した当時は、「赤間関市《あかまがせき》」という市名だった。

７９０ある市には著しい人口差がある。人口が増加し続けている市がある一方で、人口の減少で財政破綻の危機に瀕しているところもある。

⑧日本一人口の多い市と少ない市の驚くべき格差

日本一人口が多いのは横浜市、少ないのは歌志内市

東京特別区（８９６・７万人）は別格として、日本一人口が多い市は横浜市の３７０・８万人。横浜市は幕末までは横浜村という寒村にすぎなかったが、江戸末期に開港場に指定されてから東京の外港として著しい発展を遂げる。

１８８９（明治22）年に市制町村制が施行された際には、日本で最初の市として誕生した。当時の人口は12・2万人で、東京（１３９万人）、大阪（47・6万人）、京都（28・0万人）、名古屋（16・3万人）、神戸（13・6万人）に次ぐ全国で6番目の都市だった。１９４２（昭和17）年には１００万人の大台に乗り、１９６８（昭和43）年には、**２００万人を突破して名古屋市を抜いて全国第3位**の大都市に成長した。

さらに、１９７８（昭和53）年には大阪市も抜いて、市では全国一になった。その後も人口は増え続け、1985（昭和60）年には300万人を突破。なおもその勢いは止まらず、現在は大阪市との間に100万人以上の差をつけている。

横浜市の人口がここまで急激に増加したのは、何といっても地理的位置の有利さにある。日本の高度成長で、東京への一極集中が加速した。東京の人口が飽和状態になると、横浜はその受け皿としての役割を担うようになったのである。また、市内のほとんどが平坦地で、大阪市の2倍ほどの面積があるのも、横浜市の人口がここまで増加した大きな要因になっている。

逆に、大阪市は都心のドーナツ化現象の影響で、1965年頃をピークに人口の流出がはじまった。だが、2000年代に入ってから都心の回帰現象が見られ、再び人口が増加に転じた。それでも、ピーク時の人口に比べれば、まだ50万人ほど少ない。

日本一人口の少ない市は北海道の歌志内《うたしない》市で、人口はわずか3808人。小さな町村並みである。だが、初めからこんなに人口が少なかったわけではない。石狩炭田の北部に開けた炭鉱都市で、最盛期には現在の10倍以上の人口を有していた。しかし、エネルギー革命の荒波にのみ込まれ、相次ぐ炭鉱の閉山で人口が激減したのである。

■表17　人口100万人以上の都市

順位	都市名	人口（万人）
1	東京特別区	896.7
2	横浜	370.8
3	大阪	266.3
4	名古屋	224.8
5	札幌	192.0
6	神戸	155.5
7	福岡	145.9
8	川崎	142.5
9	京都	142.0
10	さいたま	124.6
11	広島	118.0
12	仙台	103.9

■表18　人口2万人未満の市

順位	都市名	人口（万人）	都道府県
1	歌志内	0.41	北海道
2	三笠	0.99	北海道
3	夕張	1.01	北海道
4	赤平	1.19	北海道
5	室戸	1.55	高知
6	土佐清水	1.58	高知
7	芦別	1.62	北海道
8	珠洲	1.65	石川
9	西之表	1.66	鹿児島
10	垂水	1.69	鹿児島
11	砂川	1.84	北海道
12	尾花沢	1.85	山形
13	熊野	1.89	三重
14	安芸	1.91	高知
15	津久見	1.99	大分

（総務省住民基本台帳2013年3月末）

人口3万人未満の市が75もある

日本の総人口が減少しつつあるなか、過疎化が進む地方の市の人口が減らないはずはない。地方自治法の市になる要件の1つに、「人口5万人以上を有すること」という項目があるが、これはしばしば改正されてきた。昭和30年代までは人口が3万人以上で市に昇格できた。

平成の大合併が始まった1999（平成11）年にも、地方自治法が改正されて市になる要件が緩和された。期限内に合併する場合に限って人口3万人以上で市に昇格することができることになった。そのため、平成の大合併だけでも120ほどの市が新たに誕生した。ところが、実際には人口3万人未満の市が現在75市もある。1割近くの市が、市になる要件を満たしていないのである。これは地方の過疎化によるもので、特に北海道と九州に多い。

平成の大合併時には人口3万人以上という要件をクリアしたのに、すでに3万人を割っている市も少なくないのである。

いったん市になってしまえば、その後どれだけ人口が減少しようが、町や村に変更する必要はない。そのため歌志内市のように、村よりも人口の少ない市が出現することになる。この先、このような市がさらに増加していくだろう。

⑨面積がいちばん広い市は、もっとも狭い市の400倍以上

人口ばかりではなく、市の面積にも著しい格差がある。何度も合併を繰り返して市域を広げてきた市もあれば、市になってから一度も合併していない市もある。面積の広い市と狭い市の差は広がる一方である。1889（明治22）年に市制町村制が施行されてから現在までに、市町村数は9分の1以下に減少している。つまり、1市町村あたりの面積が、市制町村制が施行された当時の9倍以上の広さになったということになる。1市町村あたりの面積は222㎢、東京23区の3分の1ほどの広さである。

東京23区の総面積より広い市が140もある

東京も、市になった当時は、現在の7分の1程度の広さしかなかった。しかし、現在は23の特別区からなる広大な都市である。1932（昭和7）年に5郡82町村を編入してほぼ現在の大きさになったのだが、当時は東京市が日本一面積の広い都市だった。北は埼玉県、南は神奈川県、東は千葉県に接し、面積は623・0㎢もある。

だが、各地で市町村合併が盛んに行われて都市の広域化が進み、特に平成の大合併で、

■表19　面積1000㎢以上の市

順位	市名	面積（㎢）	都道府県
1	高山	2177.7	岐阜
2	浜松	1511.2	静岡
3	日光	1449.9	栃木
4	北見	1427.6	北海道
5	静岡	1411.8	静岡
6	釧路	1362.8	北海道
7	鶴岡	1311.5	山形
8	宮古	1259.9	岩手
9	一関	1256.3	岩手
10	庄原	1246.6	広島
11	富山	1241.9	富山
12	いわき	1231.3	福島
13	由利本荘	1209.1	秋田
14	村上	1174.2	新潟
15	北秋田	1152.6	秋田
16	札幌	1121.1	北海道
17	士別	1119.3	北海道
18	仙北	1093.6	秋田
19	郡上	1030.8	岐阜
20	田辺	1026.8	和歌山
21	山口	1023.3	山口

■表20　面積1000㎢以上の町村

順位	町村名	面積（㎢）	都道府県
1	足寄町	1408.1	北海道
2	遠軽町	1332.3	北海道
3	別海町	1320.2	北海道
4	新ひだか町	1147.8	北海道
5	枝幸町	1115.7	北海道
6	標茶町	1099.4	北海道
7	新得町	1063.8	北海道
8	上川町	1049.2	北海道

（総務省住民基本台帳2013年3月末）

東京23区の広さに匹敵、あるいはそれ以上の面積を有する市や町が続々と誕生した。

それまで、**東京23区の面積より広い自治体は49市町村だったが、一気に140市町村に増加**したのである。政令指定都市20市のうち、8市（浜松、静岡、札幌、広島、京都、岡山、仙台、新潟）が東京23区の面積を上回っている。

大阪府や香川県より広い市が出現

平成の大合併では、県より面積が広い市が誕生して全国的な話題になった。その市が、岐阜県の高山市である。高山市は「飛騨の小京都」と称される面積139・6㎢の、決して面積の広い市ではなかった。だが、2005（平成17）年、久々野《くぐの》町、国府町、丹生川《にゅうかわ》村、清見村、荘川《しょうかわ》村、宮村、朝日村、高根村、上宝《かみたから》村の9町村を編入して、それまでの15倍以上の面積を有する2177・7㎢という広大な市になった。

いくつもある市町村の1つに過ぎないのに、大阪府（1897・9㎢）や香川県（1876・5㎢）の面積よりも広いのである。長野、富山、石川、福井の4県に接し、岐阜県を2つに分けてしまった驚くべき大きな市なのである。

高山市ほどではないにしても、広大な面積を有する市が、その後相次いで全国各地に出現した。それまでは1000㎢以上の面積を有する市が、いわき市、静岡市、札幌市の3

市しかなかったが、一気に21市に急増したのである。これだけ広大な面積を有する自治体が誕生して行政に支障はないのか、市民サービスが低下することはないのか、住民の不安の声は合併前からあり、平成の大合併はすこぶる評判が悪かったようだ。だが、財政危機を乗り切るためには、やむを得ないのではないかという声もある。

⑩寒村が日本有数の大都市に——神戸市の変遷地図

藩政時代から城下町として栄えていた都市が、その後大きく発展することもなくひっそりとたたずんでいることがある一方で、名もない小さな村が著しい発展をとげ、今では日本でも有数の大都市に成長したケースもある。日本の代表的な貿易港として発展している神戸市がその1つである。

幕末に開港場に指定されるまでは、神戸村という淋しい寒村にすぎなかった。西に隣接する兵庫（和田岬から神戸駅あたりにかけての地域）が、奈良・平安時代には大輪田泊《おおわだのとまり》として知られ、幕末までは京都・大阪の外港として栄えていた。だが開港に際して、兵庫は人口が密集して外国人居留地を設けるスペースがなかったため、神戸村が開港場に選ばれた。神戸市の中心部を占める三ノ宮・本町あたりが、旧神戸村だった地域である。

■表21　神戸市域の変遷

1889（明治22）年4月1日	神戸区、荒田村、葺合村が合併して神戸市が誕生。
1896（明治29）年4月1日	湊村、林田村、池田村を編入
1920（大正9）年4月1日	須磨町を編入
1929（昭和4）年4月1日	西郷町、西灘村、六甲村を編入
1941（昭和16）年7月11日	垂水町を編入
1947（昭和22）年3月1日	有馬町、有野村、山田村、伊川谷村、玉津村、櫨谷村、平野村、押部谷村、神出村、岩岡村を編入
1950（昭和25）年4月1日	御影町、魚崎町、住吉村を編入
1950（昭和25）年10月10日	本山村、本庄村を編入
1951（昭和26）年7月1日	八多村、道場村、大沢村を編入
1955（昭和30）年10月15日	長尾村を編入
1958（昭和33）年2月1日	淡河村を編入

東京、大阪に次いで全国で第3位の大都市だったが

1879（明治12）年には神戸町、兵庫町、坂本村の3町村が合併して神戸区となり、1889（明治22）年の市制町村制で、神戸区と荒田《あらた》村、葺合《ふきあい》村が合併して神戸市が誕生（**図17**）。当時の面積は21・3㎢と現在の26分の1で、人口も13・6万人に過ぎなかった。しかし、1896（明治29）年に湊、林田、池田の3村を編入して市域を広げ、1920（大正9）年に実施された第1回の国勢調査では人口60・9万人と、東京、大阪に次いで全国で3番目の都市に成長した。

さらに1947（昭和22）年には、有馬町をはじめ10町村を編入して六甲山の北側

■図17　神戸市域の変遷図

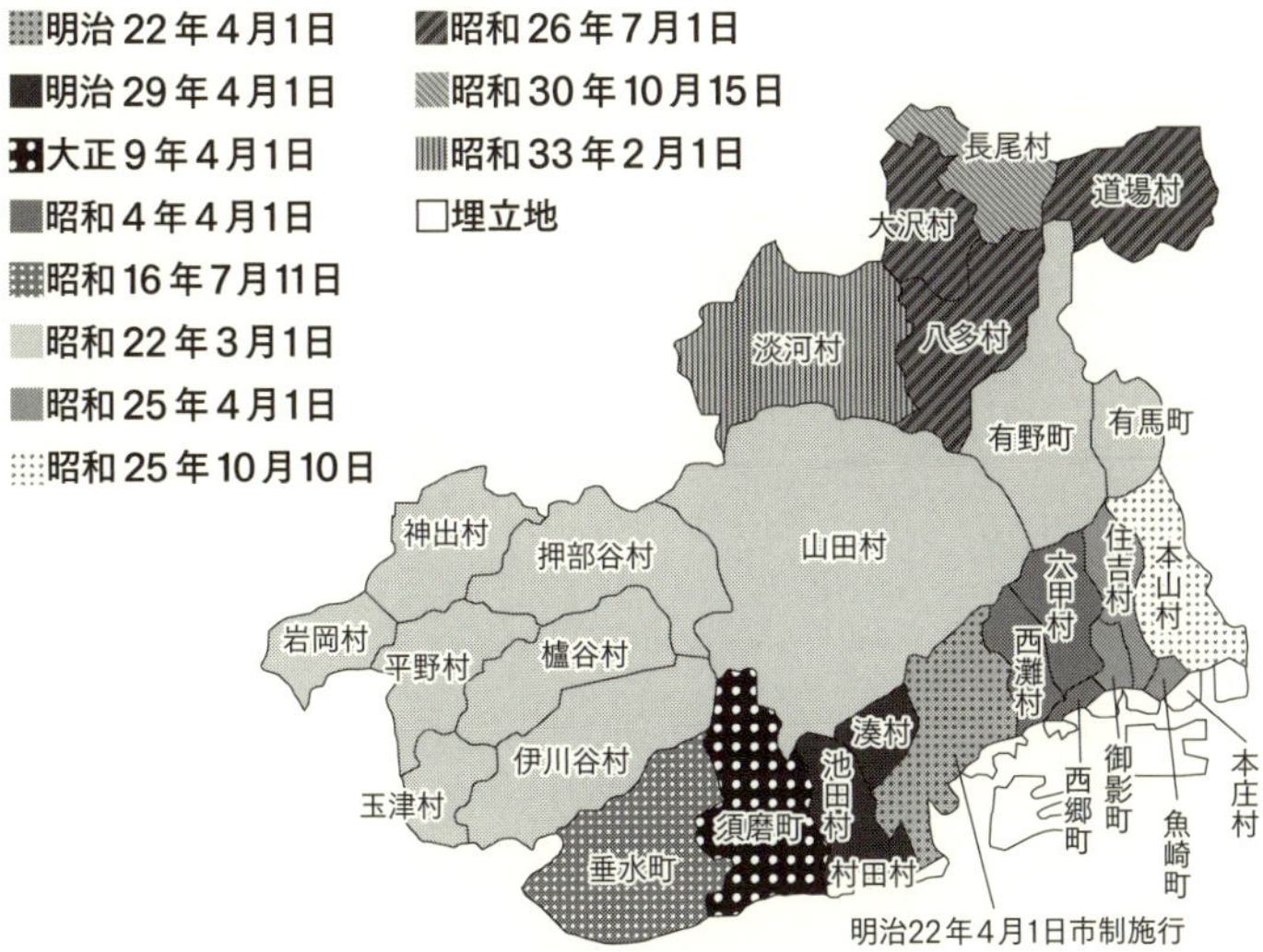

まで市域を広げ、日本三名湯の有馬温泉も神戸市内に入った。

1956（昭和31）年には大阪、名古屋、京都、横浜とともに日本で最初の政令指定都市になり、その後、他の都市の成長もあって人口の順位は6位に下がったものの、関西圏の一翼を担う大都市として発展を続けている。日本の高度成長期以来、背後にある六甲山地を切り崩して臨海部の埋立てが盛んに行われ、ポートアイランドや六甲アイランドなどの人工島も生まれた。埋立地だけでも22・7㎢にもなる。これは千代田区2個分ほどの大きさだ。

1981（昭和56）年に開催された神戸ポートアイランド博覧会（ポートピア'81）には全国から多くの人が訪れ、魅力あふれる港町神戸を印象づけた。
1995（平成7）年にこの地を襲った阪神淡路大震災で大きな被害を受け、国際貿易港としての地位を低下させたが、その後の回復は目覚ましく、これからの発展が期待されている。

⑪なぜ漢字2字の地名が多いのか

日本の地名を見てみると「漢字2字」が圧倒的に多いことに気づくだろう。漢字2字の地名が多いのはなぜか。

もともと地名は、目印となる場所を示す一種の記号である。その場所の地形や特徴などを端的に表わすには漢字2字がもっとも合理的なのかもしれない。

「諸国郡郷名著好字令」が日本の地名を2字にした

漢字2字の地名が多いのには、ほかにも理由があった。

古代律令制の時代、国の命令で地名を漢字2字に改めさせられたのである。**713（和銅6）年、「諸国郡郷名著好字令《しょこくぐんごうめいちょこうじれい》」（好字二字令）が発令され、「地名はすべて漢字2字の**

好字に改名せよ」という通達が出た。それが漢字2字の地名が多い最大の原因だ。それを裏づけるように、古くからの地名である旧国名は、すべて漢字2字で統一されているし、郡名も漢字2字が多い。

諸国郡郷名著好字令は、当時は先進国だった唐（中国）に倣《なら》ったものである。中国では現在でも北京や南京、上海など、ほとんどの地名が漢字2文字で表記されている。だが、日本では好字二字令が発令されるまでは漢字1字があったり3字があったりと、旧国名の文字数はまちまちだった。関東南部にある「武蔵」という旧国名は、「無邪志」と3字で表記されていたし、兵庫県北部の旧国名の「但馬」も「多遅麻」だった。大阪府南部の「和泉」は「泉」、奈良県の「大和」は「倭」、山陰の日本海上に浮かぶ「隠岐」は「沖」、三重県南部の「志摩」は「島」、徳島県の「阿波」は「粟」、和歌山県および三重県南部の「紀伊」は「木」だった。1字や3字で表記されていた国名は2字に改めさせられた。

分割されて漢字1字から2字になった旧国名

北陸から東北にかけての日本海側は、古くは「越国《こしのくに》」と呼ばれていた。それが上・中・下の3地域に分割された。都にもっとも近い、つまりいちばん手前にある地域が「越前」（福井）、いちばん遠くにある地域が「越後」（新潟）、その中間が「越中」（富山）である。

福岡県と大分県にまたがる地域は「豊国《とよのくに》」と呼ばれていたが、同じように「豊前《ぶぜん》」と「豊後《ぶんご》」に分割された。九州西部の「肥国《ひのくに》」は「肥前」と「肥後」に、関東南東部の「総国《ふさのくに》」は「上総《かずさ》」と「下総《しもうさ》」に分割され、漢字2字の地名になった。群馬県と栃木県にまたがる地域は「毛野国《けぬのくに》」と呼ばれていたが、「上毛野《かみつけぬ》」と「下毛野《しもつけぬ》」に分割され、好字二字令で「毛」の字が省かれ、「上野《こうずけ》」と「下野《しもつけ》」になった。

滋賀県の旧国名は「近江」。古事記には「近淡海《ちかつおうみ》」とある。「都に近い淡水の海」、すなわち琵琶湖を指す。その湖名が国名となり、それが転訛《てんか》して「近江」になった。静岡県の西部にある浜名湖は、琵琶湖よりも都から遠く離れた淡水の海であることから、「遠淡海《とおつおうみ》」と呼ばれていた。浜名湖は現在でこそ海水と淡水が入り混じる汽水《きすい》湖だが、かつては淡水の湖だった。湖名の遠淡海がそのまま国名となり、好字二字令で「遠江《とおとうみ》」という旧国名に転訛したのだ。

年月の経過とともに、地名は「漢字2字」という原則も次第に崩れ、今では漢字3字、4字の地名も多く見られる。また、最近ではひらがなや片仮名の地名も続々と生まれている。とはいっても、「地名は漢字2字」という伝統は今なお受け継がれており、漢字2字の地名が圧倒的に多い。

⑫認められないはずの同じ市名が存在するのはなぜか

同名同字体の町村名は全国にいくつもある。たとえば「池田町」は北海道と福井、長野、岐阜の4道県に、「南部町」は青森、山梨、鳥取の3県にある。町村名の場合、その上に郡名を表記するので行政上特に問題はない。だが、同名同字体の市名が「府中市」と「伊達市」の2組ある。

なぜ同名同字体の市名が2組も認められてしまったのか。

同名の市がすでに存在する場合、混乱を避けるために後発の市は、旧国名を冠するなどして、市名を変えなければならないことになっている。

たとえば、東京都の村山町が市に昇格した際、山形県ですでに「村山市」が存在していたため、東京の村山町はそのまま村山市を名乗ることができず、旧国名の武蔵を冠して「武蔵村山市」になった。このような例は、全国にいくつもある。

1日違いで誕生した2つの府中市

府中市は東京都と広島県にある。

東京の府中町は、3町村が合併したことで晴れて市に昇格することになった。市制施行日は1954(昭和29)年4月1日。議会で「府中市」という市名にすることが決まり、その2カ月前の2月1日に申請書を自治省に提出した。ところが、東京が市制施行する1日前の3月31日に広島県で「府中市」として市制施行する予定なので、同じ市名では受理できないといわれてしまった。東京の府中町にしてみれば、なんとしてでも伝統地名である「府中」という文字を市名に使いたい。

すると、広島県の府中町がまだ申請書を提出していないことを知ったのである。そこで、東京は申請書を先に提出したほうより、市制施行日の早いほうを優先するのならば、市制施行日を1カ月早めると訴えた。自治省はやむを得ず申請書を受理したのである。2カ所で府中市が誕生したのは、市制施行日がほぼ同時期だったこと、自治省(現・総務省)の指示がまだ徹底されていなかったことが原因といえる。

2つ目の伊達市が誕生したのは「平成の大合併」の優遇策

伊達市は北海道と福島県にある。

北海道の伊達市は1972(昭和47)年に市制を施行、福島県の伊達市は市制施行が2006(平成18)年である。2つの府中市が誕生してから半世紀。なぜ2つ目の伊達市が誕生したのか。

それは、平成の大合併で、市町村合併を促進するため市になる要件を緩和しただけでなく、市名の制約も緩和したからである。「既存の市から異存がなければ」という柔軟な姿勢に変わったのである。それというのも、市町村数を1つでも減らしたいための政府の最大限の譲歩だったのだ。

福島県で伊達市が誕生することができたのは、北海道の伊達市でも合併の動きがあり、既存の市名を使わないことが決まっていたからである。そのため、福島県で伊達市が誕生しても差し支えないと北海道の伊達市では考えていた。ところが、合併予定が白紙に戻ってしまったため、「既存の市名は使用しない」という約束事は消え失せ、愛着のある既存の市名を望む声に押されて、伊達市を存続させることになった。いまさら福島県の伊達市に、同じ市名を使わないでほしいと

■表22　同音異字体の市名

いずみ	和泉市（大阪）、出水市（鹿児島）
かしま	鹿島市（佐賀）、鹿嶋市（茨城）
こが	古河市（茨城）、古賀市（福岡）
こうなん	江南市（愛知）、香南市（高知）
さかい	堺市（大阪）、坂井市（福井）
さくら	佐倉市（千葉）、さくら市（栃木）
つしま	津島市（愛知）、対馬市（長崎）
ほくと	北杜市（山梨）、北斗市（北海道）
みよし	三次市（広島）、三好市（徳島）、みよし市（愛知）
やまがた	山形市（山形）、山県市（岐阜）

もいえず、2つの伊達市が誕生してしまったというわけである。

沖縄県の宮古島でも、「宮古市」の誕生の動きがあったが、岩手県の宮古市が同じ市名の使用を拒否したため、「宮古島市」と変更することになった。

紛らわしい同音異字体の市名

同音同字体の市名もそうだが、同音異字体の市名も紛らわしい。

かつては「センダイ市」が2つ存在していた。ほとんどの人は「センダイ市」と聞けば、東北の仙台市だと思うだろうが、鹿児島県にも川内市《せんだいし》が存在していたのである。だが、川内市は合併して薩摩《さつま》川内《せんだい》市になったことでセンダイ市は1つになった。

しかし、新たに同音異字体の市名が各地で生まれている。地名には歴史があり、それぞれに由来があるので、同音異字体の市名はある程度はやむを得ないことなのかもしれない。

⑬なぜ日本には合成地名が多いのか

地球上に人類が誕生して以来、地名は人々の生活の営みのなかから自然発生的に生まれてきたもので、住んでいる場所を示す記号の一種である。地名からその都市の歴史や文化などを探ることもできる。地名は「無形の文化財」といわれるように、由緒ある地名は原形のまま保存してこそ意味がある。

合成地名の元凶は市制町村制にある

2つ以上の地名を混ぜ合わせ、あるいは組み合わせて1つにした地名を「合成地名」といい、全国には数えきれないほど多くある。合成地名は昔からあったわけではない。江戸時代から少しは存在していたが、急激に増加したのは明治になってからのことである。複数の町村が合併して、1つの町村になるときにそれは生まれる。

1889（明治22）年に市制町村制が施行された際には、おびただしい数の合成地名が生まれた。なにしろ、全国に7万あまりあった町や村が一気に1万6千弱にまで激減したのである。4つ以上の町や村が1つの町村に統合されたことになる。合併する際に、住民の間で争いのもとになったのが新しい市町村名であった。

政府はトラブルを最小限に抑えるために合成地名を奨励した。「同程度の町村が合併する場合は、それぞれの町村名から1字ずつ取って、それを新しい市町村名にせよ」というわけだ。自分たちが生まれ育った町や村の地名には愛着がある。それぞれの町村名の、たとえ1字だけでも残すことができれば、双方のメンツも立つと考えたのだろう。

合成地名で特に有名なものに、東京23区の大田区がある。**大田区は**東京が35区から23区に統合された際に、大森区と蒲田区が合併し、**大森区の「大」と蒲田区の「田」をつなぎ合わせてつくられた地名**である。

同じく東京の昭島市は、昭和町と拝島村が合併して、両町村から「昭」と「島」とつないでつくった地名だし、愛知県の稲沢市は稲葉村と小沢村が合併して生まれた合成地名だ。また、「忍野八海《おしのはっかい》」で有名な富士山麓の忍野村も、忍草《しぼくさ》村と内野村が合併して生まれた村名だった。

平成の大合併でも、各地で合成地名が生まれた。たとえば、茨城県では小川町、美野里町、玉里村の3町村が合併して、3町村の頭文字をつなぎ合わせた「小美玉市」が誕生。長野県の佐久穂町は、佐久町と八千穂村が合併して成立した町名である。横芝町と光町が合併した横芝光町（千葉県）や、山陽町と小野田市が合併した山陽小野田市（山口県）のように、地名をそのままつなぎ合わせた例もある。

誰にもわからない合成地名

過去には、なぜこのような地名になったのか、と思うような合成地名が生まれたことがある。その代表的な地名を紹介しよう。

・**与川《よかわ》村＋三留野《みどの》村＋柿其《かきぞれ》村＝読書《よみかき》村**（現・長野県南木曽町読書）
・**鳥羽村＋吉野村＋新田《しんでん》村＋成相《なりあい》村＝豊科《とよしな》町**（現・長野県安曇野市）
・**水上村＋青木村＋折居村＋樋口村＝清哲《せいてつ》村**（現・山梨県韮崎市清哲町）
・**土居村＋魚成《うおなし》村＋遊子川《ゆすかわ》村＋高川村＝城川町**（現・愛媛県西予市）

長野県の読書村は「どくしょ」ではなく、「よみかき」と読む。明治の初め、与川、三留野、柿其の3村が合併した際に、3村の頭文字をひらがなで表記して、与川の「よ」、三留野の「み」、柿其の「かき」をつなぎ合わせて「よみかき村」としたものだ。豊科町も鳥羽の「と」、吉野の「よ」、新田の「し」、成相の「な」をつないで「とよしな町」と命名した。

山梨県の清哲村と愛媛県の城川町は、地名を分解するどころか、文字まで分解してしまった。水上の水は「シ」、それに青木の「青」を組み合わせて「清」の文字をつくる。そして、折居村の「折」と樋口村の「口」で「哲」の字をつくって「清哲村」としたのである。

愛媛県の城川町もこれとよく似ている。土居村の土と魚成村の成で「城」をつくり、遊子川村と高川村から「川」の文字を取って「城川町」とした。

このように、ひと口に合成地名といっても、それぞれの町村の頭文字をとったものから、伝統地名を極力保存しようとした跡がうかがえるもの、文字遊びをしているとしか思えないようなものまでさまざまである。

⑭「無番地」という住所には何がある？

居住地や会社などの所在地を表す住所の末端には、たいてい番地がついている。1962（昭和37）年に施行された住居表示法（住居表示に関する法律）によって、「○○町○丁目○○番○○号」という表記が一般的になっているが、地方へ行くとまだ住居表示法が実施されていない地域も多い。そういったところでは「○○町大字○○字○○△△番地」と表記し、「住居表示」に対して「地番」といっている。

人が住んでいるのに地番がない

だが、住所の末端には、必ず数字で表した地番がついているというわけではない。**「無番地」という住所もある**のだ。単なる呼称ではなく、「無番地」が正式な住居表記なのである。本来、住所の番地は不動産登記した土地に、法務局が番号をつける「地番」が住所の基になっている。国有地は登記できないので、たとえ人が住んでいても地番がつけられていないことがある。だが、公務員宿舎以外に、一般の人が住んでいる住宅地にも無番地のところがあるのだ。これは敗戦後、国外からの引揚者を住まわせるため、各自治体が管理していた無番地の土地を提供したのがどうやら原因になっているらしい。

無番地は「番外地」と呼ばれることもある。よく知られているのが網走だろうか。**網走刑務所の正式な住所は「網走市字《あざ》三眺《さんちょう》官有《かんゆう》無《む》番地《ばんち》」**である。俗に「網走番外地」と呼ばれている。

東京にも無番地がある。江戸川と旧江戸川が分岐している東京都江戸川区と、千葉県市川市の境界未定地に「河原番外地」という住所がある。

自衛隊の基地などには無番地が多い。北海道にある陸上自衛隊旭川駐屯地は「旭川市春光町国有無番地」だし、神奈川県の海上自衛隊厚木航空基地は「神奈川県綾瀬市無番地」、航空自衛隊浜松基地は「浜松市西区西山町無番地」、愛知県春日井市の春日井駐屯地は「春日井市西山町無番地」だ。埋立地などのように、まだ所属が決まっていない土地にも無番地があり、県境未定地や市町村境の未定地にも地番はついていない。

市役所や鉄道駅、神社にも無番地がある

無番地はこれだけではない。市役所、鉄道駅や神社にもある。

千葉県の四街道市役所の住所は「四街道市鹿渡《しかわたし》無番地」である。プロ野球横浜ベイスターズのホームグランドである横浜スタジアムの住所は「横浜市中区横浜公園無番地」、丹《たん》後《ご》国一宮の出雲大神宮の住所は「京都府亀岡市千歳町千歳出雲無番地」、富士山頂にある富士山本宮浅間大社《せんげんたいしゃ》奥宮の住所は「富士宮市富士山頂上官有無番地」、北海道にある十勝岳温泉の住所は「北海道上富良野《ふらの》町国有無番地」、韓国との間で領有権が争われている竹島の住所は「島根県隠岐郡隠岐の島町竹島官有無番地」だ。

じつは、東京のど真ん中にも無番地がある。JR中央線四ツ谷駅の住所は「新宿区四谷一丁目無番地」、四ツ谷駅の近くの四谷見附交番や、公益社団法人土木学会本部の住所も「新宿区四谷一丁目無番地」だ。

そのほか仙台国際センターの住所は「仙台市青葉区青葉山無番地」、伊豆諸島の青ヶ島村は全島が無番地である。青ヶ島村役場の所在地は「青ヶ島村無番地」になっている。

このように「無番地」はいたるところにある。だが、「無番地」もれっきとした住所の一部なのである。

第五章

これからどうなる？
日本の観光と文化

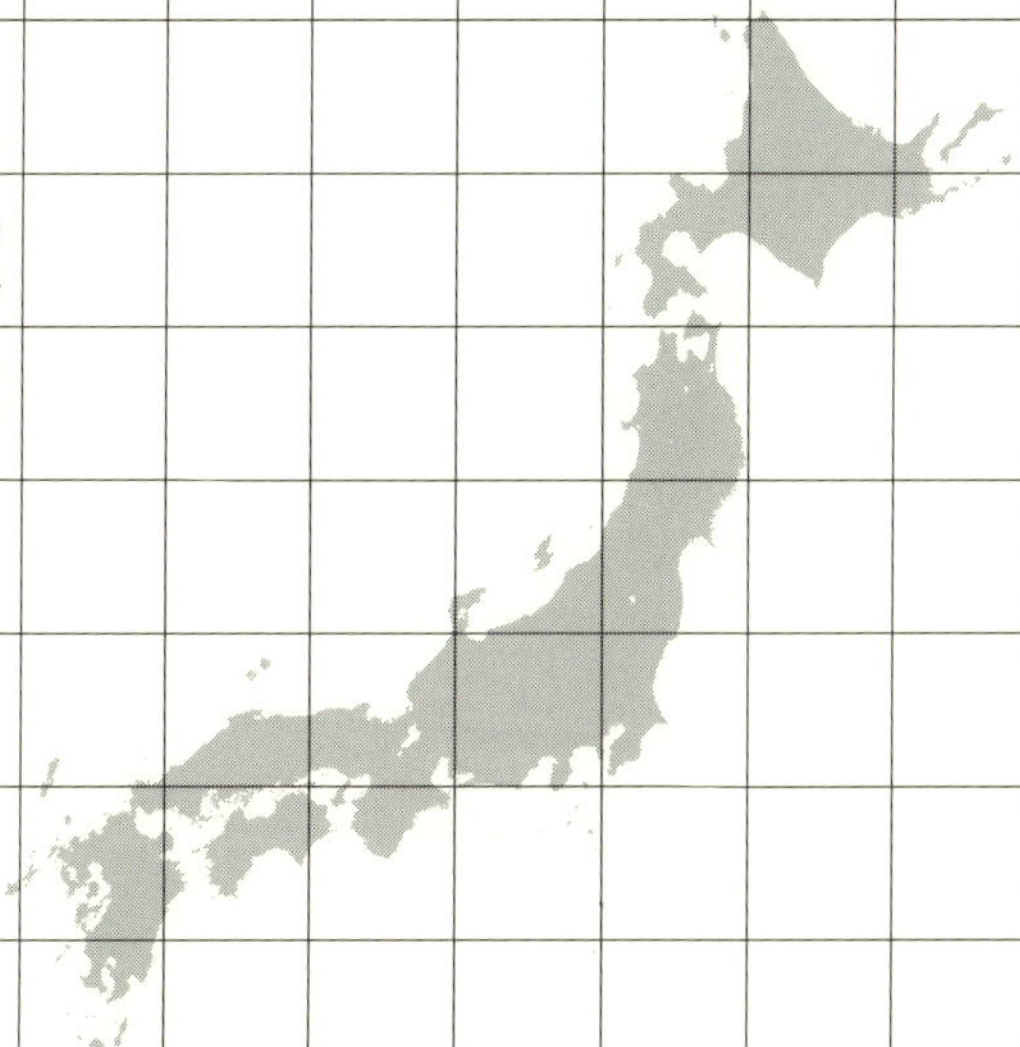

❶3カ所しかなかった国立公園が、現在は31もある

わが国は非常に自然に恵まれた国で、いたるところに景勝地がある。そのすぐれた自然や野生の動植物などを保護し、観光資源として利用の促進を図ることを目的に、1931（昭和6）年、国立公園法が制定された（1957年、自然公園法に改正）。国立公園の発祥地はアメリカで、1872（明治5）年にイエローストーン国立公園が、世界で最初の国立公園として誕生している。

アメリカに続いてオーストラリアやカナダ、ニュージーランドなどでも国立公園が生まれた。ヨーロッパはやや遅れて、1909（明治42）年にスウェーデンで初めて国立公園が誕生。アフリカでも1925（大正14）年に国立公園が生まれているので、日本は世界でもっとも自然を保護するという意識が低かった国かもしれない。

日本で最初の国立公園は雲仙、霧島、瀬戸内海

日本でも国立公園を誕生させようという機運がようやく高まり、1934（昭和9）年3月、雲仙、霧島、瀬戸内海の3カ所が日本初の国立公園に指定された。同年12月には、

阿寒、大雪山、日光、中部山岳、阿蘇の5カ所が追加され、国立公園は全部で8カ所になった。

その後も、著名な景勝地や自然美にすぐれた地域が次々と国立公園に指定され、1987（昭和62）年にはタンチョウの生息地として知られる北海道の釧路湿原が加わって、全部で28カ所になった。当時は、この釧路湿原が日本で最後の国立公園になるといわれていた。

しかし、それから20年後の2007（平成19）年、日光国立公園から尾瀬地区が分離され、尾瀬国立公園として独立し、2012（平成24）年には、南九州の霧島屋久国立公園から屋久島地区が分離されて屋久島国立公園が誕生した。

さらに2014年には、沖縄海岸国定公園から慶良間《けらま》諸島を分離して国立公園に昇格させた。31番目となる慶良間諸島国立公園の誕生である。

これで、北は北海道から南は九州・沖縄まで、全国のほとんどの地域に国立公園が存在することになった。しかし、**47都道府県のうち国立公園があるのは42都道府県**。残りの茨城、千葉、愛知、滋賀、佐賀の5県には国立公園がない。一方、市内に国立公園が2つある都市もある。阿寒国立公園と釧路湿原国立公園がある釧路市と、日光国立公園と尾瀬国立公園がある日光市である。

国立公園は名前を変えて広くなる

国立公園の面積は次第に広くなりつつある。国立公園が増えれば、当然のことながら面積も広くなるが、国立公園の数はそのままでも面積が広くなることもある。その場合、たいてい公園の名称が変わる。

たとえば、日本初の国立公園雲仙《うんぜん》国立公園は、1956年に天草まで指定地域を拡大して雲仙天草国立公園と名称を変更している。霧島国立公園も、1964年に屋久島と錦江《きんこう》湾を加えて霧島屋久国立公園とし、2012年には屋久島を分離して屋久島国立公園として独立させ、残りの地域は始良《あいら》カルデラを加えて霧島錦江湾国立公園になった。

そのほか、富士箱根伊豆国立公園は、国立公園に指定された当初は富士箱根国立公園といったが、その後に伊豆半島と伊豆諸島を指定地域に加えて名称変更したものである。十和田八幡平国立公園は、誕生当初は十和田国立公園、大山隠岐国立公園もはじめは大山国立公園だった。

いちばん新しい例としては2013年、陸中海岸国立公園の指定地域が青森県まで拡大され、三陸復興国立公園と名称変更している。2011年3月の東日本大震災から、たくましく復興したことを伝承していくためである。

国定公園の指定地域を拡大して、国立公園に昇格した例もある。利尻礼文国定公園から昇格した利尻礼文サロベツ国立公園、足摺《あしずり》国定公園から昇格した足摺宇和海《あしずりうわかい》国立公園などだ。瀬戸内海国立公園や山陰海岸国立公園などのように、名称はそのままで指定地域だけ拡大した国立公園もある。

また、公園名が適切でないという指摘から、国立公園の名称が変更になった例もある。秩父多摩国立公園は、指定地域の3分の1以上が山梨県にあるにもかかわらず、山梨の名が公園名にまったく反映されていないため、山梨県から不満が噴出。旧国名の「甲斐」を公園名に入れて、２０００年に秩父多摩甲斐国立公園に名称変更された。

南アルプスが国立公園で、中央アルプスはなぜ県立自然公園？

自然公園には国立公園のほか、国定公園と都道府県立自然公園があり、総面積は国土面積の約14％を占める。もっとも景勝にすぐれた地域が国立公園に指定され、国立公園に準じるのが国定公園だ。国立公園は国が指定、管理する。国定公園は国が指定するが、管理は都道府県知事が行なう。都道府県知事が指定、管理する自然公園が都道府県立自然公園である。3種類の自然公園をランクづけするとすれば、国立公園がAランク、国定公園がBランク、都道府県立自然公園がCランクといえるだろう。

しかし、当然Aランクであってもおかしくない景勝地が、なぜかCランクであったりする。

長野と岐阜の県境に横たわる木曽山脈（中央アルプス）は、飛騨山脈（北アルプス）と赤石山脈（南アルプス）とともに、日本を代表する山岳美を誇る自然公園である。だが、北アルプスも南アルプスも国立公園に指定されているのに、中央アルプスは県立自然公園でしかない。少なくともBランクには指定されてもおかしくないのに、Cランク扱いである。これは、中央アルプスが国立公園あるいは国定公園に指定されると、付近一帯は木曽ヒノキの名産地だけに、林業に大きな影響をおよぼすからだといわれている。

一方、大都市の近くにある自然公園では、さほど景勝にすぐれているとは思えないような地域が国定公園に指定されていたりする。大都市近郊は開発の対象になりやすい。そのため、国定公園に指定して大都市周辺の自然を乱開発から守るという狙いもあるようだ。

❷世界遺産は21都道府県にある

最近注目されているのは、国立公園よりむしろ世界遺産だろう。だが、1990年代まで日本で世界遺産の存在を知っている人は、ほとんどといっていいほどいなかった。それもそのはず、わが国が世界遺産条約（世界の文化遺産および自然遺産の保護に関する条約）

■表23　日本の国立公園（31カ所）

名称	指定日	面積（㎢）	関係する都道府県
阿寒	1934.12.4	904	北海道
大雪山	1934.12.4	2268	北海道
支笏洞爺	1949.5.16	995	北海道
知床	1964.6.1		北海道
利尻礼文サロベツ	1974.9.20	242	北海道
釧路湿原	1987.7.31	269	北海道
十和田八幡平	1936.2.1	856	青森、岩手、秋田
磐梯朝日	1950.9.5	1864	山形、福島、新潟
三陸復興	1955.5.2	122	青森、岩手、宮城
日光	1934.12.4	1149	福島、栃木、群馬
富士箱根伊豆	1936.2.1	122	東京、神奈川、山梨、静岡
秩父多摩甲斐	1950.7.10	1263	埼玉、東京、山梨、長野
小笠原	1972.10.16	66	東京
尾瀬	2007.8.30	372	福島、栃木、群馬、新潟
中部山岳	1934.12.4	1743	新潟、富山、長野、岐阜
上信越高原	1949.9.7	1880	群馬、新潟、長野
南アルプス	1964.6.1	358	山梨、長野、静岡
白山	1962.11.12	477	富山、石川、福井、岐阜
吉野熊野	1936.2.1	598	三重、奈良、和歌山
伊勢志摩	1946.11.20	555	三重
山陰海岸	1963.7.15	88	京都、兵庫、鳥取
瀬戸内海	1934.3.16	669	大阪、和歌山、兵庫、岡山、広島、山口、徳島、香川、愛媛、福岡、大分
大山隠岐	1936.12.1	341	鳥取、島根、岡山
足摺宇和海	1972.11.10	113	愛媛、高知
雲仙天草	1934.3.16	283	長崎、熊本、鹿児島
霧島錦江湾	1934.3.16	366	宮崎、鹿児島
阿蘇くじゅう	1934.12.4	727	熊本、大分
西海	1955.3.16	246	長崎
屋久島	2012.3.16	326	鹿児島
西表石垣	1972.5.15	917	沖縄
慶良間諸島	2014.3.5	940	沖縄

※（2014年12月末現在）

に加盟したのは、1992（平成4）年になってからのこと。1972（昭和47）年の国連教育科学文化機関（ユネスコ）総会で採択されてから20年後のことで、世界で125番目、先進国ではいちばん遅い加盟になった。ちなみに、世界遺産条約の最初の批准国はアメリカで、最初に登録されたのはアメリカのイエローストーン国立公園など12件であった。

富士山は晴れて世界遺産に登録されたが

わが国では、世界遺産条約に加盟した翌93年に、「法隆寺地域の仏教建造物」「姫路城」「屋久島」「白神山地《しらかみさんち》」の4件が、日本初の世界遺産として登録された。次第に世界遺産が認知されてくると、各自治体では世界遺産の登録を目指して、活動が活発に行われるようになった。世界遺産に登録されると知名度が高まり、多くの観光客を誘致できるからである。年を追うごとに世界遺産の登録地は増加し、現在では18カ所にまでなった。

本来、世界遺産の目的は世界的に価値のある自然や文化財を世界共通の財産として、世界各国が協力して保護、保存することにある。決して、観光資源としての価値を高めることが目的ではないはずだ。しかし、世界遺産への登録を目指している関係自治体には、その意識が欠如しているきらいがある。そのため、世界遺産に登録されたことによって、これまでの豊富な自然が破壊されるという皮肉な現象を招いているところもある。

日本のシンボルとして圧倒的な存在感のある富士山は、2013（平成25）年6月、世界遺産に登録され、日本中が沸いたが、その二の舞にだけはなってほしくない。

なお世界遺産には、顕著で普遍的価値のある建造物や記念工作物、遺跡などが対象の「文化遺産」と、顕著で普遍的価値のある地形や地質、景観、動植物の生息地などが対象の「自然遺産」、文化遺産と自然遺産の両方を兼ね備えた「複合遺産」がある。

日本の世界遺産18件のうち14件は文化遺産、自然遺産は4件で、複合遺産はゼロである。

■表24　日本の世界遺産

登録名	登録年	関係する都道府県
法隆寺地域の仏教建造物	1993.12	奈良
姫路城	1993.12	兵庫
屋久島*	1993.12	鹿児島
白神山地*	1993.12	青森、秋田
古都京都の文化財	1994.12	京都、滋賀
白川郷・五箇山の合掌造り集落	1995.12	岐阜、富山
原爆ドーム	1996.12	広島
厳島神社	1996.12	広島
古都奈良の文化財	1998.12	奈良
日光の社寺	1999.12	栃木
琉球王国のグスク及び関連遺産群	2000.12	沖縄
紀伊山地の霊場と参詣道	2004.7	和歌山、奈良、三重
知床*	2005.7	北海道
石見銀山遺跡とその文化的景観	2007.6	島根
平泉-仏国土（浄土）を表す建築・庭園及び考古学的遺跡群-	2011.6	岩手
小笠原諸島*	2011.6	東京
富士山-信仰の対象と芸術の源泉	2013.6	静岡、山梨
富岡製糸場と絹産業遺産群	2014.6	群馬

*印は自然遺産
(2014年12月末現在)

世界遺産の予備軍――10カ所の暫定リスト

２０１４年、わが国で18番目となる「富岡製糸場と絹産業遺産群」が世界遺産に登録された。群馬県富岡市は全国的な知名度が低い都市だけに、登録されて初めて富岡製糸場の存在を知ったという人が少なくなかった。

富岡製糸場は日本の近代化に大きく貢献したばかりではなく、世界の絹産業の発展にも大きな役割を果たしてきた。１８７２（明治５）年、フランス人技術者を招いて設立された日本初の官営製糸場である。富岡製糸場が世界遺産に登録されて以来、見学者が殺到している。世界遺産の宣伝効果は絶大である。

文化庁が過去に、世界遺産の候補を全国から公募したことがある。そういうこともあって、世界遺産の登録を目指す運動は各地で展開されている。

現在、世界遺産の予備軍ともいえる暫定リストに記載の候補地は10件ある。また、暫定リスト入りを目指している物件も多く、さらに世界遺産の登録地は増加していくものとみられる。

日本が世界遺産条約に加盟した１９９２年、暫定リストに記載された物件は12件だった。そのほとんどは世界遺産に登録されたが、いまだに世界遺産に登録されていないのが「武家の古都・鎌倉」と「彦根城」の２件である。

「武家の古都・鎌倉」は2013年、ユネスコの諮問機関であるイコモス（国際記念物遺跡会議）から世界遺産への不登録を勧告され、総力を上げて登録を目指してきた鎌倉市は大きなショックを受けた。

❸日本の文化財は西高東低

わが国には無数の文化財がある。しかし、それらを保護し保存に努めなければ、国民の貴重な宝は失われてしまう。

1949（昭和24）年1月、法隆寺金堂の壁画が焼失したのを契機に、文化財を保護し保存しようという機運が一気に高まり、翌年5月に文化財保護法が制定された。文化財というと建造物や絵画、彫刻、工芸品など、形のあるものを

■表25　世界遺産暫定リスト

上記案件	県名
武家の古都・鎌倉	神奈川県
彦根城	滋賀県
長崎の教会群とキリスト教関連遺産	長崎県
飛鳥・藤原の宮都とその関連資産群	奈良県
国立西洋美術館本館	東京都
北海道・北東北を中心とした縄文遺跡群	北海道・北東北
明治日本の産業革命遺産 九州・山口と関連地域	九州・山口県
宗像・沖ノ島と関連遺産群	福岡県
百舌鳥・古市古墳群	大阪府
金を中心とする佐渡金山の遺産群	新潟県

※（2014年12月末現在）

連想しがちだが、演劇や音楽のような無形のもの、風俗習慣や民俗芸能なども文化財である。

文化財保護法では、**文化財を「有形文化財」「無形文化財」「民俗文化財」「記念物」「文化的景観」「伝統的建造物群」の6種類に分類し、規定**している。

文化財も東京に一極集中しつつある

有形文化財には美術工芸品（絵画、彫刻、工芸、書跡、古書、考古、歴史）と建造物がある。歴史上、芸術上、あるいは文化的価値が高いと文部科学大臣が指定したものが重要文化財。重要文化財のうち「世界文化の見地から価値の高いもので、たぐいない国民の宝たるもの」を国宝に指定している（文化財保護法27条）。

文化財は全国にまんべんなく分布している。とはいっても地域差が大きい。**全国にある重要文化財は1万2992件**（国宝を含む、2014年10月末）。近畿以西の西日本が7630件（59％）、中部以東の東日本が5362件（41％）で、やや西日本のほうが多いが、西日本の面積が日本の総面積の34％しかないことを考慮すれば、文化財はあきらかに西高東低といえるだろう。

特に**近畿地方の面積は、日本全体の10％にも満たないが、重要文化財は全国の46％を占**

める。だが、以前は近畿地方が占める比率はもっと高かった。1995（平成7）年の時点では、約50％の重要文化財が近畿地方に集まっていたのである。

人口が東京の一極に集中しつつあるように、文化財も東京に集まりつつある（**図18**）。1995年当時、東京にある重要文化財は2198件だったが、現在は2742件。20年間に544件増加したことになる。京都府は2090件から2154件と64件の増加、逆に、奈良県は1331件から1315件と16件減少している。なぜ東京でこれほど増加したのかというと、防災上の安全のために、全国から絵画や彫刻などの美術工芸品が集められ、東京の博物館や美術館に収蔵される傾向にあるためだ。長崎県対馬市の寺院では、所有していた文化財（仏像）が、韓国人窃盗団に盗まれたという事件が発生している。

しかし、さすがに建造物は東京に移すわけにもいかない。国宝の建造物に限って見れば、奈良県が64件でもっとも多く、次いで京都府の50件、滋賀県が23件と、早くから文化が開けていた近畿地方に多い。東京にある国宝建造物は、東村山市にある正福寺地蔵堂と、港区にある迎賓館赤坂離宮の2件のみである。

■図18　重要文化財の分布（国宝を含む）

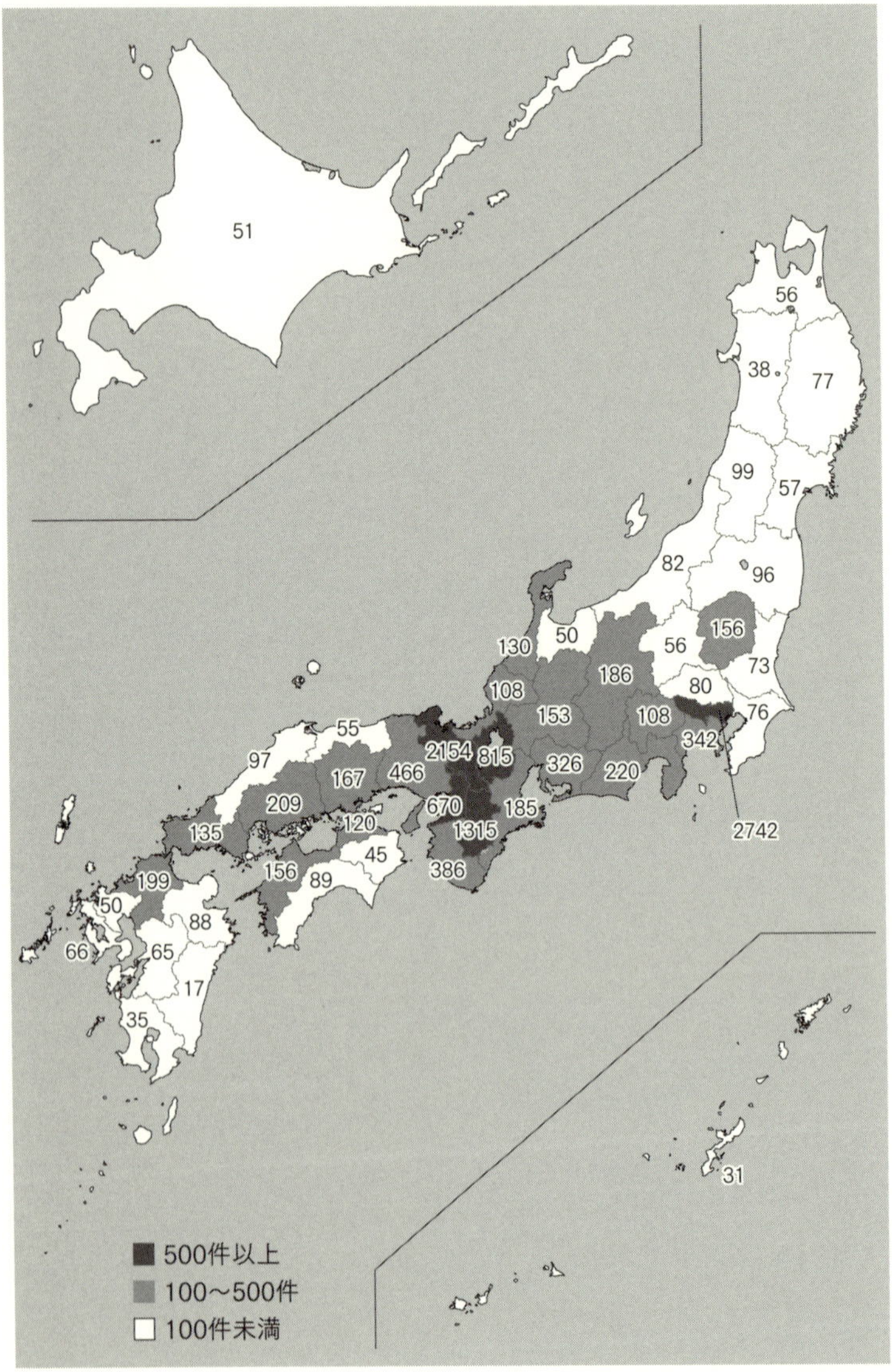

❹現存する天守閣はいくつあるか

城は外敵から身を守るための防衛拠点、あるいは戦闘拠点のための砦《とりで》として築かれたものがはじまりで、すでに古代から存在していた。中世になると支配者の居所も兼ねるようになり、権力を誇示するかのように次第に大規模な城郭《じょうかく》が築かれるようになった。

城の立地によって、山の上に築城される山城《やましろ》、平野の中にある小高い山に築城された平《ひら》山城《やまじろ》、平地に築城された平城《ひらじろ》の3種類に大別される。大規模な城郭のほとんどが平城である。

国宝と特別史跡の二重指定は姫路城と彦根城だけ

わが国には、小さな砦も含めると2万以上の城があったといわれている。支配者の居所を中心に形成された城下町は全国に450ほどある。それぞれの城下町に城が築かれていたが、徳川幕府が1615（慶長20）年に制定した「一国一城令」により、藩主の居城だけを残してすべての城が破却され、明治新政府の「廃城令」で大半の城郭が壊された。さらに、第二次世界大戦でも多くの城が焼失した。だが、これらの災難をくぐり抜け、今なお当時の遺構をとどめた城郭が各地に残っている。

城郭は日本の歴史が刻まれた貴重な遺構である。文化財としての価値も高く、文化財保護法によって手厚く保護、保存されている。城はその都市のシンボルとして親しまれており、天守閣などが復元されるなど、観光資源として貴重な存在になっている。

天守閣が国宝および重要文化財に指定されている城郭は全国に12城ある（**図19**）。**国宝は松本城、犬山城、彦根城、姫路城の4城**。重要文化財は弘前城、丸岡城、松江城、備中松山城、丸亀城、松山城、宇和島城、高知城の8城である。なお、京都市にある二条城は天守閣を有していないが、二の丸御殿が国宝に指定されており、「古都京都の文化財」として世界遺産にも登録されている。

隅櫓《すみやぐら》や表門などが重要文化財に指定されている城が、松前城（北海道）、新発田《しばた》城（新潟）、金沢城（石川）、明石城（兵庫）、福岡城（福岡）などにある。また、江戸城や名古屋城、大阪城など13城が城郭のなかでも特に貴重なものとして、特別史跡に指定されている。

なお、**国宝と特別史跡の二重に指定された城郭は、姫路城と彦根城**の2城だけである。姫路城はさらに世界遺産にも登録されている、わが国でもっとも文化的価値が高い城郭といえよう。

沖縄にある首里《しゅり》城はじめ、中城城《なかぐすくじょう》、今帰仁城《なきじんじょう》、勝連城《かつれんじょう》、座喜味城《ざきみじょう》の「グスク」は、国宝

■図19　天守閣が国宝および重要文化財に指定されている城

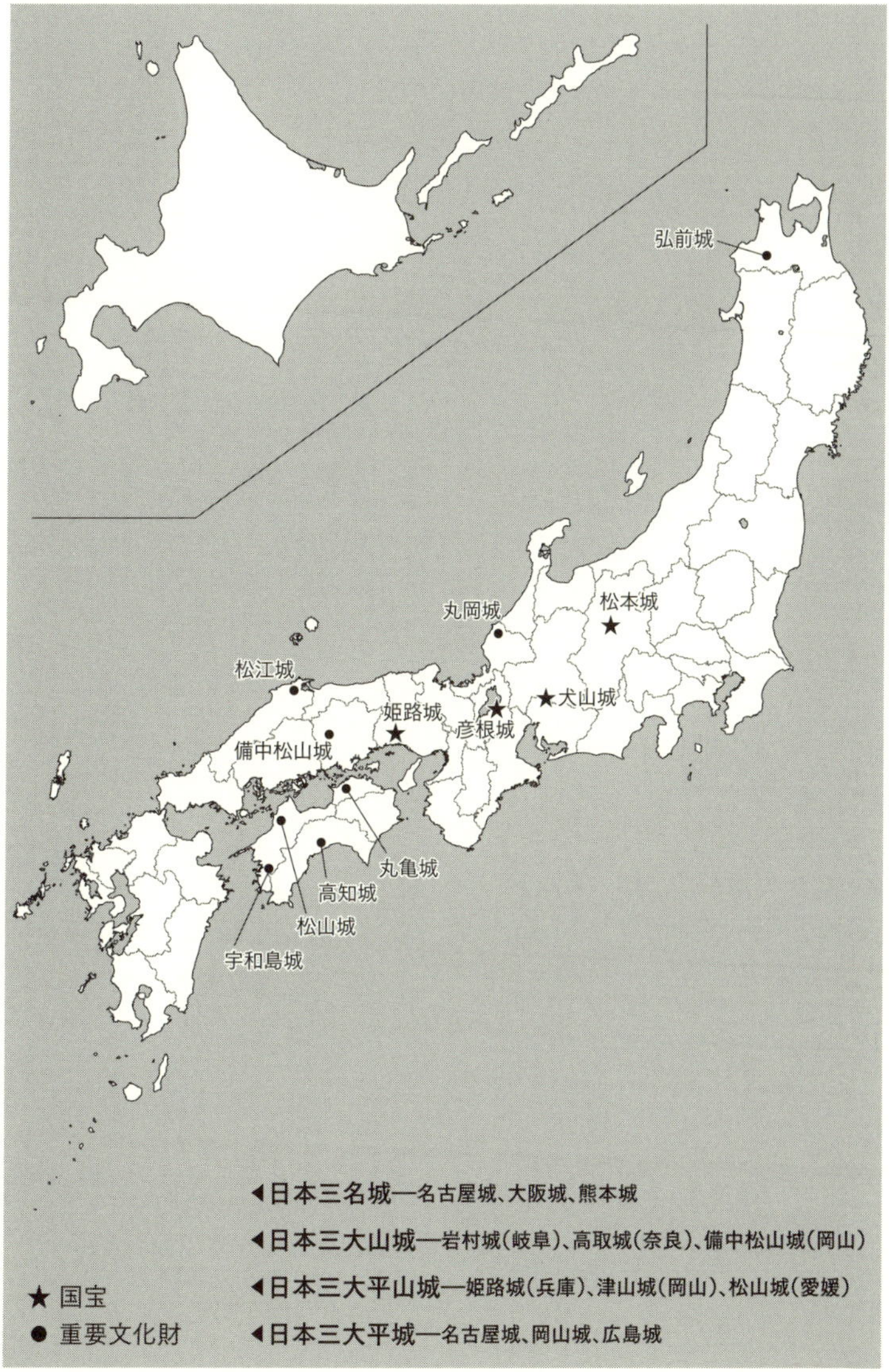

や重要文化財、特別史跡にも指定されていないが、世界遺産に登録されている。

函館に存在していた四稜郭

日本にある城郭のなかには、外国の技術を取り入れて築城した洋式城郭もある。日本で最初の洋式城郭として知られるのが、函館市にある五稜郭《ごりょうかく》だ。

江戸末期、徳川幕府が蝦夷地の支配と北方警備を強化するための箱館奉行所として建設されたものである。蘭学者武田斐三郎《あやさぶろう》が、フランス人技師の指導のもとで1857（安政4）年に着工し、1864（元治元）年に完成させた。星型五角形の堀をめぐらせ、5カ所の突角部には砲台を設置。大砲による攻撃を主眼に置き、射撃の際に死角を極力少なくするように設計されている。守りやすく攻め難く、という構造の洋式城郭である。明治維新に新政府軍と旧幕府軍とで争われた戊辰《ぼしん》戦争の、最後の決戦であった箱館戦争の舞台として知られている。この戦争で建物はすべて焼失したが、土塁や石垣などは原形をとどめており、文化的な価値が高い貴重な遺構として、国の特別史跡に指定されている。

長野県東部の臼田《うすだ》町（現・佐久穂市）にも、龍岡城五稜郭がある。1866（慶応2）年、龍岡藩の藩主松平乗謨《のりかた》の設計で築城されたもので、藩主の住居を兼ねる藩庁が置かれた。函館の五稜郭とほぼ同じ構造の星型五角形だが、函館の五稜郭の5分の1という小規模なものだった。明治の廃城令で取り壊されてしまったが、土塁や石垣などが残っており、国の史跡に指定されている。

じつは、函館には五稜郭のほか、四稜郭《しりょうかく》という洋式城郭も存在していた。箱館戦争のさなか、榎本武揚《たけあき》率いる旧幕府軍が１８６９（明治２）年、五稜郭を援護するために、五稜郭の北３㎞ほどの丘陵に築いたもので、土塁の大きさは東西１００ｍ、南北約70ｍの蝶が羽を広げたような形をしていた。四稜郭の四隅に砲台が設置され、新政府軍の攻撃に備えた。なにしろ戦闘の真っ最中だったので、建物を築く余裕はなかったものとみられる。新政府軍は四稜郭を「新五稜郭」と呼んでいた。

⑤さまざまな建築様式がある日本の神社

人々は昔から神仏にお祈りする風習があった。日本の民俗信仰を基に生まれたのが神社である。はじめは山や岩、巨木など大きなものに神が降臨すると信じられていた。そのため、人々は山や岩、森などに宿る神を拝んだ。現在でも、御神体を安置する本殿を持たず、背後にそびえる山や森、岩、滝などを御神体としている神社も少なくない。

やがて、お祭りには神を迎えるための仮設の神殿が建てられるようになり、祭りが終わると取り壊された。その仮設の神殿が常設化されたものが神社である。神道では常に新しい建物が尊ばれた。伊勢神宮などの式年遷宮《しきねんせんぐう》は、この慣行を今に伝える風習といえる。

その影響もあってか、神社には国宝などに指定される古い建造物などが、寺院に比べるとはるかに少ない。もっとも格式が高い伊勢神宮にさえ、国指定の文化財はほとんど存在しない。

出雲大社の大社造と伊勢神宮の神明造

わが国にはおびただしい数の神社がある。小さな集落にも必ず神社があるといってもいいほどで、その数は8万社以上にものぼる。毎年正月になると、各地にある神社は初詣客で大変なにぎわいをみせる。

神社は神を祀るための施設で、本殿や拝殿、舞殿、鳥居などからなる。神社建築にはさまざまな様式があるが、大別すると平入《ひらい》り様式と妻入《つまい》り様式があり、屋根の形状によって分けることもある。だが、神社建築は出雲大社本殿の大社造と、伊勢神宮本殿の神明造《しんめい》の2つの系統を基本として発達してきた。

大社造の流れをくむ形式には、住吉神社本殿の住吉造、春日神社本殿の春日造、大鳥神社本殿の大鳥造などがある。神明造の流れをくむ形式には、宇佐八幡宮本殿の八幡造、日吉神社本殿の日吉造、日光東照宮の権現造《ごんげん》、賀茂神社上社・下社本殿の流造《ながれ》などがある。この他にも、祇園造《ぎおん》、香椎造《かしい》、吉備津造《きびつ》、穂高造、隠岐造、中山造、入母屋造《いりもや》、浅間造、寝殿造《しんでん》、尾張造など、さまざまな形式のものがある。

大社造は日本家屋の形状に似た正方形に近い形をしており、宮殿から社殿に変化したもの、神明造は穀物などを保管した高床式倉庫が原型といわれている。このように、神社の本殿にはさまざまな様式がある。その本殿が何造りなのかを気に留めて神社に参拝する人もいないだろうが、予備知識として知っておくと、より興味深く神社を見学することができるだろう。

寺社を激減させた廃仏毀釈運動と神社合祀令

わが国には、神社に負けず劣らず多くの寺院があり、その数は約7万7千にものぼる。だが、かつては現在よりはるかに多くの寺院が存在していた。

なぜ寺院は少なくなったのか。それは、明治初年に大規模に行われた廃仏毀釈《きしゃく》、すなわち仏教排斥運動によって、各地で多くの寺院が破壊されたからである。明治新政府は1868（慶応4）年、神仏分離令を出して神道国教化政策を進めた。この神仏分離令のもとで引き起こされたのが仏教排斥運動で、これにより寺院や仏像、仏具、経巻などが標的になった。

特に神社と習合していた寺院は徹底的に破壊され、廃仏毀釈運動が激しかった隠岐では、全島の寺院が焼き討ちにあったという。当時の廃仏毀釈運動の影響で、現在も寺が1つもない村が存在している。

だが、取り壊されたのは寺院ばかりではなかった。明治末期には神社も犠牲になった。明治政府は神道の国教化を強化するため、1906（明治39）年、神社合祀《ごうし》令を出した。一村一社を原則とする神社の整理統合が、全国規模で行われたのである。社殿は荒れ放題、神主も常駐していないような神社が当時は全国各地にあった。それらの神社を廃し、残った神社に合祀させたのである。

神社数を減らし、残った神社に資金を集中させれば設備を充実させ、神社の尊厳を保つことができる。そうすれば、村人たちの信仰心も高まり、住民たちの団結力も高まると考えられた。それこそが政府の狙いだったのである。神社合祀令が発せられてから数年の間に、7万社以上もの神社が取り壊されたという。

⑥ラムサール条約の登録地は東高西低

ラムサール条約の正式な名称は「特に水鳥の生息地として国際的に重要な湿地に関する条約」といい、略して「国際湿地条約」、あるいは「水鳥湿地保全条約」ともいう。イランのラムサールという、カスピ海沿岸の都市で締結されたことからこの名がある。自然を保護、保全することを目的に締結された世界初の国際条約で、世界遺産条約より1年早い1971（昭和46）年に制定された。

わが国も1980（昭和55）年に加盟した。けれどその認知度は低く、ラムサール条約の登録地がどこなのかあまり関心がないようだ。というのも、ラムサール条約の登録地になっても観光に結びつくケースが少ないからだ。しかし、世界共通の財産として各国が協力して保護、保全しようという趣旨の条約である点では、世界遺産に通じる面がある。

登録地の第1号は釧路湿原

ラムサール条約の締約国は、渡り鳥など水鳥の生息地として重要な湿地を登録し、その保全に努める義務を課せられる。この条約は水鳥に限らず、絶滅の恐れがある動植物の生息地も含まれる。また、湿原や干潟、湖沼など、鳥類の生息に欠かせない水域が登録地に選定される。ただし、その水域が天然か、人工的に造られたものか、海水か淡水かの制約もない。したがって、登録地は沿岸にも内陸にも存在している。

わが国におけるラムサール条約登録の第1号は、北海道東部に広がる釧路湿原（国立公園）だった。釧路湿原は特別天然記念物のタンチョウの生息地として知られているが、鳥類ばかりではなく、サケ科のイトウやキタサンショウウオなど、希少動物も多く生息する自然の宝庫なのである。

1985（昭和60）年には、渡り鳥の越冬地として有名な伊豆沼・内沼（宮城）が、1989年には白鳥の飛来地として貴重な水域である北海道北部のクッチャロ湖が登録された。1991（平成3）年には、北海道南部の鳥獣特別保護地区に指定されているウトナイ湖が、1993年には日本最大の湖である琵琶湖も登録された。

現在では**北海道から沖縄まで、登録地は全国で46カ所**にものぼる。登録地は東日本に多く、文化財の西高東低とは逆に東高西低の様相を呈している。だが、沖縄県だけは5カ所の登録地がある。1980年から定期的にラムサール条約の締約国会議が開催されているが、第5回締約国会議は釧路市で開かれた。

大都会にもあるラムサール条約の登録地

ラムサール条約の登録地は、自然豊かな地域ばかりとは限らない。自動車の往来が激しい都会の雑踏のなかにも、水鳥の楽園が存在しているのである。その一つが谷津《やつ》干潟だ。

千葉県習志野市の東京湾岸にある40ヘクタールの小さな干潟で、東京駅まで直線で約20kmの距離にある。谷津干潟の周囲は埋め立てられて住宅などが密集し、干潟の上を高速道路が走り抜けている。国有地であったため、奇跡的にも埋立てを免れたのである。その後も埋立て計画は浮上したが、東京湾に飛来するシギやチドリなどの生息地になっていたことと、干潟の保存運動が実を結び、1993（平成5）年にラムサール条約に登録された。東京湾岸に残された希少な水鳥の別天地である。

都会にあるもう1つのラムサール条約登録地が、伊勢湾奥の藤前《ふじまえ》干潟である。名古屋市港区と飛島村にまたがり、庄内川、新川、日光川の3河川が伊勢湾に注ぐ河口付近に広がっている。こちらも高度成長期に工業用地確保のため盛んに埋立てられ、周辺は大小の工場が建ち並ぶ中京工業地帯が形成されている。今では、伊勢湾の潮位が下がった時に地表に姿を現す干潟が残るのみである。

ところが、1990年代に入ると名古屋市は、増大するゴミの処分問題を解消するため、人工干潟を造成することを条件に、藤前干潟を埋立ててゴミ処分場とする計画を発表した。

■表24　ラムサール条約登録地

登録地	都道府県	登録年
釧路湿原	北海道	1980
クッチャロ湖	北海道	1989
ウトナイ湖	北海道	1991
霧多布湿原	北海道	1993
厚岸湖・別寒辺牛湿原	北海道	〃
宮島沼	北海道	2002
雨竜沼湿原	北海道	2005
サロベツ原野	北海道	〃
濤沸湖	北海道	〃
阿寒湖	北海道	〃
野付半島・野付湾	北海道	〃
風蓮湖・春国岱	北海道	〃
大沼	北海道	2012
仏沼	青森	2005
伊豆沼・内沼	宮城	1985
蕪栗沼・周辺水田	宮城	2005
化女沼	宮城	2008
大山上池・下池	山形	2008
尾瀬	福島、栃木、群馬	2005
佐潟	新潟	1996
瓢湖	新潟	2008
奥日光の湿原	栃木	2005
渡良瀬遊水地	茨城、栃木、群馬、埼玉	2012
谷津干潟	千葉	1993
片野鴨池	石川	〃
弥陀ヶ原・大日平	富山	2012
三方五湖	福井	2005
中池見湿地	福井	2012
藤前干潟	愛知	2002
東海丘陵湧水湿地群	愛知	2012
琵琶湖	滋賀	1993
円山川下流域・周辺水田	兵庫	2012
串本沿岸海域	和歌山	2005
宮島の海岸部	広島	2012
中海	鳥取、島根	2005
宍道湖	島根	〃
秋吉台地下水系	山口	〃
荒尾干潟	熊本	2012
くじゅう坊ガツル・タデ原湿原	大分	2005
藺牟田池	鹿児島	〃
屋久島永田浜	鹿児島	〃
漫湖	沖縄	1999
慶良間諸島海域	沖縄	2005
名蔵アンパル	沖縄	〃
久米島の渓流・湿地	沖縄	2008
与那覇湾	沖縄	2012

(2014年12月末現在)

これには環境省から「待った！」がかかった。人工干潟では現在の環境を維持することは困難だとして、ゴミ処分場の建設に反対したのである。市民運動の「藤前干潟を守る会」も猛烈に反対運動を展開したため、名古屋市は藤前干潟の埋立てを断念せざるを得なくなった。

ゴミ処分場計画中止後の2002（平成14）年、藤前干潟は鳥獣保護区に指定されるとともに、ラムサール条約に登録された。藤前干潟ではシギやチドリなどさまざまな水鳥が生息し、渡り鳥の中継地にもなっている。都会に残された数少ない水鳥たちの楽園である。

❼地質の世界遺産――認知度が高まりつつあるジオパーク

急速に認知度が高まり、注目を集めているものに「ジオパーク」がある。2004（平成16）年、国連教育科学文化機関（ユネスコ）の支援のもとに「世界ジオパークネットワーク」という国際的な組織が発足した。「ジオ」は「大地」という意で、直訳すれば「大地の公園」。**「地質の世界遺産」ともいわれ、地質や地層、断層など、地球科学的な価値がある美しい自然の遺産を保護するとともに、研究や教育、観光に活用し、地域の持続可能な経済発展を目指すことを目的に認定される自然公園**である。

「世界ジオパーク」に認定された7カ所のジオパーク

「ジオパーク」は日本ではまだ耳慣れない用語だが、今、ヨーロッパを中心に急速に広まりつつある。やがて世界遺産に匹敵する観光資源になりうるのではないか、と期待されている。とはいえ、世界ジオパークネットワークに加盟しているのは、まだ32カ国111地域に過ぎない（2014年9月末現在）。

わが国でも、2008（平成20）年に「日本ジオパークネットワーク」が発足し、翌2009年に「洞爺湖有珠山《とうやこうすざん》ジオパーク」「糸魚川ジオパーク」「島原半島ジオパーク」の3カ所が、日本で初めての「世界ジオパーク」に認定された。

洞爺湖有珠山ジオパークは有珠山や昭和新山、明治新山（四十三山《よそみ》）などの火山噴火による地形の変化を目の当たりにできる。糸魚川ジオパークではフォッサマグナ（大地溝帯）のダイナミックな地殻変動が観察できる。また、島原半島ジオパークでは、江戸時代の雲仙普賢岳の噴火で有明海上に出現した九十九島《つくもじま》や、平成新山溶岩ドームなどの見どころがある。

さらに2010年には「山陰海岸ジオパーク」が、2011年には「室戸ジオパーク」、2013年に「隠岐ジオパーク」、そして2014年には「阿蘇ジオパーク」と、全部で7カ所が世界ジオパークに認定された。

30都道府県にジオパークがある

日本ジオパークネットワークが発足したのと同時に、日本ジオパーク委員会では「世界ジオパーク」に認定された「洞爺湖有珠山」「糸魚川」「島原半島」をはじめ、アポイ岳、南アルプス、山陰海岸、室戸岬の7カ所を日本ジオパークに認定した。ジオパークには美しい自然景観を有することも認定要件になっているので、国立公園や国定公園に指定された地域に多く分布している。

わが国では、2008年以降、ジオパークは毎年のように追加され、**現在では全国で36カ所にものぼる。**47都道府県のうち30都道府県でジオパークを有している。その多くが日本では著名な観光地にもなっているので訪れる人も多く、普通の観光旅行では見落としがちな大地の成り立ちも興味深く観察できる。

❽温泉大国日本、地中を掘れば温泉が湧く

日本は世界一の温泉大国といわれるほど、温泉が豊富な国である。というのも、温泉は火山活動と密接な関係があるからだ。日本の国土は環太平洋火山帯のなかに位置するため、火山性の温泉が多い。だが、日本には非火山性の温泉も少なくない。温泉は地球内部の熱で温められた地下水が湧出したもので、非火山性の温泉はボーリングによって湧出することが多い。日本では地中深く掘れば、どこからでも温泉が湧くといわれている。

■表27　日本ジオパークネットワークに認定のジオパーク（36ヵ所）

ジオパークの名称	都道府県	認定年度
洞爺湖有珠山ジオパーク*	北海道	2008
糸魚川ジオパーク*	新潟	〃
島原半島ジオパーク*	長崎	〃
アポイ岳ジオパーク	北海道	〃
南アルプスジオパーク	長野	〃
山陰海岸ジオパーク*	京都、兵庫、鳥取	〃
室戸ジオパーク*	高知	〃
恐竜渓谷ふくい勝山ジオパーク	福井	2009
隠岐ジオパーク*	島根	〃
阿蘇ジオパーク*	熊本	〃
天草御所浦ジオパーク	熊本	〃
白滝ジオパーク	北海道	2010
伊豆大島ジオパーク	東京	〃
霧島ジオパーク	宮崎、鹿児島	〃
男鹿半島・大潟ジオパーク	秋田	2011
磐梯山ジオパーク	福島	〃
茨城県北ジオパーク	茨城	〃
下仁田ジオパーク	群馬	〃
秩父ジオパーク	埼玉	〃
白山手取川ジオパーク	石川	〃
八峰白神ジオパーク	秋田	2012
湯沢ジオパーク	秋田	〃
銚子ジオパーク	千葉	〃
箱根ジオパーク	神奈川	〃
伊豆半島ジオパーク	静岡	〃
三笠ジオパーク	北海道	2013
三陸ジオパーク	青森、岩手、宮城	〃
佐渡ジオパーク	新潟	〃
四国西予ジオパーク	愛媛	〃
おおいた姫島ジオパーク	大分	〃
おおいた豊後大野ジオパーク	大分	〃
桜島・錦江湾ジオパーク	鹿児島	〃
とかち鹿追ジオパーク	北海道	〃
立山黒部ジオパーク	富山	2014
南紀熊野ジオパーク	和歌山	〃
天草ジオパーク	熊本	〃

＊印は「世界ジオパーク」にも認定
（2014年9月末現在）

温泉の定義、何℃あれば温泉か

日本の温泉法では、温泉を次のように定義している。

①源泉から湧出する温度が25℃以上であること。

②地中から湧出する温水、鉱水、および水蒸気その他のガスで、法で定められた19種類の成分のうち、いずれか1つを含んでいること。

したがって、25℃以上の温水であれば、特に成分を含んでいなくても温泉として認められる。たとえ湧出温度が25℃未満であっても、19種類の成分のどれか1つを一定量含んでいれば温泉になり得るわけだ。地中深く掘れば掘るほど地下水温は温かくなるので、日本全国どこでも、一定の深さまで掘れば必ず温泉が湧出することになる。近年の掘削技術からすれば容易なことで、そのため都会のど真ん中でも温泉が湧出している。

温泉の定義をもっと厳格にしなければ、ほとんど効能のない温泉がこれからも増えていく可能性がある。すでに温泉は枯渇しているのに、それを偽って営業をしていたことが発覚して問題になった温泉地があった。

温泉法では、湧出温度によって「**高温泉**」（源泉の温度が42℃以上）「**温泉**」（34℃以上42℃未満）「**低温泉**」（25℃以上34℃未満）「**冷泉または冷鉱泉**」（25℃未満）の4種類に分類している。火山性温泉には高温泉が多く、効能のある成分を含んでいる。では、非火山性温泉は効能がある成分を含んでいないのかというとそうではなく、神戸市にある有馬温泉のように、非火山性温泉なのに泉質にすぐれた高温泉も少なくない。

温泉は本来は湯治《とうじ》、すなわち病気を治療することが目的の施設で、古くは湯治場と呼んでいた。療養効果の高い、効能にすぐれた泉質の温泉が本当の意味の名泉といえる。だが、最近は観光やレジャーに重点が置かれ、泉質の善し悪しより、設備が整っていて美味しい料理を出してくれる宿泊施設のある温泉地に人気が集まる傾向にある。

日本三名泉と日本三大温泉

温泉大国といわれるわが国には宿泊施設のある温泉地だけでも、全国には3万カ所以上ある。

群馬県の草津温泉、岐阜県の下呂温泉、兵庫県の有馬温泉を「日本三名泉」と呼んでいる。江戸時代の儒学者・林羅山が命名したといわれる。だが枕草子では、有馬温泉と島根県の玉造《たまつくり》温泉、三重県の榊原温泉を日本三名泉としている。いずれも、千年以上も前からコンコンと湧き出している名泉である。また、群馬県の川中温泉、和歌山県の龍神温泉、島根県の湯の川温泉を「日本三大美人の湯」と称している。それぞれ泉質は異なっているが、肌荒れに効能がある。

有馬、草津、松之山温泉（新潟）は「日本三薬湯」、東北地方にある飯坂（福島）、鳴子（宮城）、秋保《あきう》（宮城）の3温泉を「奥州三名湯」、岡山県にある湯原、奥津、湯郷の3温泉を「美作《みまさか》三湯」、群馬県にある草津、伊香保、四万《しま》の3温泉を「上毛《じょうもう》三名湯」と呼んでいる。また、温泉地の規模が大きく歓楽的な要素がある静岡県の熱海温泉、和歌山県の南紀白浜温泉、大分県の別府温泉を「日本三大温泉」という。このように、日本全国いたるところに名泉が湧いているのだ。

温泉マークの発祥地はどこか

地図記号の1つに温泉マークがある。温泉マークはわが国独自の地図記号である。誰が考えたのか定かではないが、湯船から湯気が立ち昇る様子を端的に表わしていて、これほどわかりやすい地図記号はほかにないだろう。

温泉は太古の時代から湧いていたが、温泉マークが地図記号として記されるようになったのは、江戸時代になってからのことだといわれている。それが明らかになったのはごく最近になってからだ。

1974（昭和49）年、群馬県安中《あんなか》市の文化財専門委員のメンバーが磯部温泉の温泉史を編纂中、1661（万治4）年に江戸幕府から出された農民の土地争いに決着をつけるための裁許図のなかに、温泉マークが記されていることを発見した。この裁許図が温泉マークの記載された日本最古の地図である。以来、磯部温泉が温泉マークの発祥地といわれるようになった。磯部温泉には「日本最古の温泉記号」と刻んだ石碑が建っている。

当時の温泉マークは、四角い湯船から湯気が立ち昇っていた。その後、湯気が直線になったり、曲線になったり、湯船が四角であったり丸かったりと、地図記号は幾度となく変化してきた。現在は、丸い湯船から立ち昇る3本のゆらめいた湯気が描かれている。磯部温泉は、おとぎ話の舌切雀伝説の発祥地だともいわれている。

⑨200品目以上もある日本の伝統工芸品

昭和の中頃まで、日常生活で使われる製品の多くは手作業でつくられてきた。しかし、日本が高度成長期に入ると、機械化による大量生産が可能になり、経済は著しい発展を遂げた。だが、それによって古くから受け継がれてきた伝統的な産業は苦境に立たされるようになり、地域経済が大きな打撃を受けはじめた。

そこで、地場産業が衰退しないためにも、伝統的な産業を守り、国もそれを側面から支える必要があるとして、1974（昭和49）年、「伝統的工芸品産業の振興に関する法律」

を制定した。

製造事業者からの申請を受けて、通産大臣（現・経済産業大臣）は次の要件に該当する工芸品を国の伝統工芸品に指定し、地域振興のためにも国は全面的に協力することになった。その要件とは次の通りである。

①主として日常生活の用に供されるものであること。
②製造品過程の主要部分が手工業的であること。
③伝統的な技術又は技法により製造されたものであること。
④伝統的に使用されてきた原材料が主たる原料で製造されるものであること。
⑤一定の地域において、ある程度の人数が製造に従事していること。

国は伝統工芸品を守るための法律を制定し、地域振興に乗り出した。とはいっても、後継者不足は依然深刻で、伝統工芸品の生産に携わる人や生産額は年々減少しつつある。日本の伝統工芸品の前途は多難である。

伝統工芸品がいちばん多いのは京都府

「伝統的工芸品産業の振興に関する法律」が公布された翌年末までに、南部鉄器、飛騨春《しゅん》慶《けい》、本場大島紬《つむぎ》、輪島塗など35品目が伝統工芸品に指定された。それ以降、伝統工芸品は毎年のように追加され、**現在では全国で219品目**に達する（2014年11月末）。

伝統工芸品には、陶磁器、木工品、和紙、漆器、織物、仏壇・仏具などがあるが、なかでもいちばん多いのは織物で、西陣織や結城紬《ゆうきつむぎ》、本場大島紬など、全国で36品目もある。次いで木工品の24品目、漆器の23品目の順である。

全国一多くの伝統工芸品を有しているのは京都府で、西陣織、京友禅、京小紋、京焼・清水焼、京人形など17品目に上る。

次いで小千谷縮《おぢやちぢみ》や塩沢紬など織物が盛んな新潟県の15品目、東京都と沖縄県の14品目、愛知県（12品目）、石川県（10品目）がこれに続く。

伝統工芸品の多い地域と少ない地域の差が激しく、北海道と千葉、熊本の3道県には、2000年まで伝統工芸品が1品目もなかった。だが、2003（平成15）年になって千葉県の房州《ぼうしゅう》うちわ、熊本県の小代焼《しょうだいやき》と肥後象がん、天草陶磁器の3品目が伝統工芸品に指定され、北海道でも2013年に二風谷《にぶたに》イタと二風谷アットゥシの2品目が加わった。これで47都道府県のすべてに伝統工芸品があることになった。

ユネスコ無形文化遺産に登録された和紙の技術

日本の伝統工芸品の質の高さは、海外でも高く評価されている。それを証明するかのように２０１４年11月、日本政府が推薦していた「和紙　日本の手漉《てすき》和紙技術」が国連教育科学文化機関（ユネスコ）の無形文化遺産に登録されることが決まったのである。前年に登録された「和食」に続く快挙で、改めて日本の文化や伝統工芸品の技術の高さを世界に知らしめた。

今回登録された和紙は、石州半紙《せきしゅうばんし》（島根県浜田市）と本美濃紙《ほんみのし》（岐阜県美濃市）、細川紙（埼玉県小川町、東秩父村）の３紙の技術で構成されている。石州半紙はすでに２００９年に単独で登録されているが、これに本美濃紙と細川紙を加えた３紙は、コウゾ（ク

■表29　経済産業大臣指定の伝統工芸品

都道府県	品目数	主な品目
北海道	2	二風谷イタ
青森	1	津軽塗
岩手	4	南部鉄器
宮城	3	宮城伝統こけし
秋田	4	樺細工
山形	5	天童将棋駒
福島	4	会津塗
茨城	3	結城紬
栃木	1	益子焼
群馬	2	伊勢崎絣
埼玉	3	岩槻人形
千葉	1	房州うちわ
東京	14	本場黄八丈
神奈川	3	鎌倉彫
新潟	15	小千谷縮
富山	5	高岡銅器
石川	10	輪島塗
福井	7	越前焼
山梨	3	甲州手彫印章
長野	7	木曽漆器
岐阜	5	一位一刀彫
静岡	3	駿河雛人形
愛知	12	有松・鳴海絞
三重	5	四日市萬古焼
滋賀	3	信楽焼
京都	17	西陣織
大阪	7	堺打刃物
兵庫	6	丹波立杭焼
奈良	2	奈良筆
和歌山	3	紀州簞笥
鳥取	2	因州和紙
島根	4	雲州そろばん
岡山	2	備前焼
広島	5	熊野筆
山口	3	萩焼
徳島	3	阿波正藍しじら織
香川	2	丸亀うちわ
愛媛	2	砥部焼
高知	2	土佐和紙
福岡	7	博多人形
佐賀	2	伊万里焼・有田焼
長崎	2	波佐見焼
熊本	4	山鹿灯籠
大分	1	別府竹細工
宮崎	1	都城大弓
鹿児島	3	本場大島紬
沖縄	14	壺屋焼
全国	219	

＊複数の都道府県にまたがっている品目は主産地のみカウント（2014年11月末）

ワ科の落葉低木）の樹皮のみを使った伝統的な製法によってつくられている。これが「手漉和紙技術」として登録されたのである。

耐久性にすぐれている和紙は、古くから高級な障子紙として、また戸籍や土地台帳、大福帳など記録用紙として用いられてきた。海外では絵画や文書、版画などの修復などにも使われており、品質の良さ、技術の高さは世界でも認められている。

これまでに能楽や歌舞伎、京都祇園祭の山鉾《やまほこ》行事、結城紬など21件が無形文化遺産に登録されており、この和紙で22件目の登録となる。

「無形文化遺産の保護に関する条約（無形文化遺産保護条約）」は、2003（平成15）年10月のユネスコ総会において採択され、現在では157国がこの条約に加盟している（2013年12月末）。

世界遺産条約やラムサール条約では、日本は先進国でありながら大きく出遅れたが、無形文化遺産保護条約では、わが国は世界で3番目（2004年6月）に締結している。日本は伝統文化や工芸品など、無形の文化遺産の保護に対する意識は高いのである。

【参考文献】

・『日本地名大百科ランドジャポニカ』(小学館)
・『コンサイス日本地名事典』(三省堂)
・『世界大百科事典』(平凡社)
・『百科事典マイペディア』(平凡社)
・『ブリタニカ国際大百科事典』(ブリタニカジャパン)
・『広辞苑』(岩波書店)
・『明鏡国語辞典』(大修館書店)
・『日本歴史大事典』(小学館)
・『角川日本史辞典』(角川書店)
・『全国市町村要覧』(第一法規出版)
・『データでみる県勢』(矢野恒太記念会)
・『理科年表』(丸善)
・『新詳日本史図説』(浜島書店)
・『日本史年表』(河出書房新社)
・『日本初めて話題事典』(ぎょうせい)
・『日本地名ルーツ辞典』(創拓社)
・『日本地名事典』(新人物往来社)
・『新日本ガイド全23巻』(日本交通公社出版事業局・現JTBパブリッシング)
・『最新基本地図』(帝国書院)
・『旅に出たくなる地図』(帝国書院)
・『新詳高等地図』(帝国書院)
・『今がわかる時代がわかる日本地図』(成美堂出版)
・各市町村・都道府県郷土資料およびホームページ
・環境省、総務省、国土交通省、農林水産省、経済産業省、厚生労働省、気象庁、文化庁、日本温泉協会の資料およびホームページ

【参考文献(地図・表)】

・海上保安庁海洋情報部資料
・国土交通省国土地理院
・総務省統計局
・総務省統計局「社会生活統計指標」
・　　〃　　「統計で見る都道府県のすがた2013」
・林野庁「森林・林業統計要覧」
・「地図」日本地図学会
・国土交通省河川局
・国土交通省国土政策局
・国土交通省気象庁
・理科年表
・都道府県各市町村資料
・河川ハンドブック(日本河川協会)
・文化庁

【著者プロフィール】
浅井建爾　（あさい・けんじ）
地理・地図研究家、日本地図学会会員。青年時代に自転車で日本一周旅行をしてから、地図や地名に深い関心を持ち、地理をテーマにした執筆活動を始める。著書 にベストセラーとなった『日本全国「県境」の謎』、『何でも日本一100』、『京都謎解き街歩き』（ともに実業之日本社）、『日本全国因縁のライバル対決 44』（主婦の友社）、『50歳からの「青春10きっぷ」の旅』（成美堂出版）ほか多数。

編集協力／柴田恵理

やりなおし！ 地理の教科書

2015年5月9日　第1刷発行

著　者　浅井建爾
発行者　唐津　隆
発行所　株式会社ビジネス社
〒162－0805　東京都新宿区矢来町114番地
神楽坂高橋ビル5F
電話　03－5227－1602　FAX 03－5227－1603
URL　http://www.business-sha.co.jp/

〈カバーデザイン〉大谷昌稔
〈本文DTP〉茂呂田剛（エムアンドケイ）
〈印刷・製本〉モリモト印刷株式会社
〈編集担当〉本田朋子〈営業担当〉山口

ISBN978-4-8284-1812-4